MÉMOIRE

SUR LA DÉFENSE

DE LA PLACE ET DE LA CITADELLE DE MÉZIÈRES.

MÉMOIRE

ADRESSÉ A SON EXCELLENCE LE MINISTRE DE LA GUERRE,

SUR LA DÉFENSE

De la Place et de la Citadelle de Mézières,

SUIVI

DE LA CORRESPONDANCE DES GÉNÉRAUX PRUSSIENS, ET AUTRES PIÈCES JUSTIFICATIVES RELATIVEMENT A CETTE PLACE;

Par le chevalier Lemoine,

Lieutenant-général, qui en était le commandant supérieur.

Nouvelle Edition.

SE TROUVE

Chez LELAURIN-MARTINET, imprimeur à Mézières.

1845

IMP. DE LELAURIN-MARTINET.

MÉMOIRE

ADRESSÉ A SON EXCELLENCE LE MINISTRE DE LA GUERRE,

SUR LA DÉFENSE

De la Place et de la Citadelle de Mézières.

> Tout militaire se doit à sa patrie et à son souverain, lorsqu'il a rempli d'importantes fonctions, surtout dans des moments difficiles; il doit compte de sa conduite à l'une et à l'autre.

J'étais sans fonctions, à ma campagne située à vingt kilomètres de Paris, jouissant de la moitié de mon traitement, lorsque, le 7 avril 1815, je reçus l'ordre de S. Exc. le ministre de la guerre, de me rendre sans délai à Sedan, pour y prendre le commandement de la onzième division d'infanterie au troisième corps d'armée.

Les régiments qui devaient former cette division, arrivèrent successivement, et, après un mois environ de travail, elle fut organisée avec assez d'ensemble pour entrer de suite en campagne.

Des mouvements furent ordonnés : je me portai d'abord sur Lonny, ensuite sur Couvin et Chimay. Ayant eu occasion, dans ces mouvements, de voir et d'entendre de très-près le lieutenant-général Vandamme, commandant en chef ce corps d'armée, je jugeai, dès-lors, que ma manière de servir ne pouvait convenir à ses intentions. Aussi, quinze jours après, me fit-il remettre, par son premier aide-de-camp, l'ordre du ministre de la guerre, de me rendre à Mézières, pour y commander cette place, qui venait d'être mise en état de siége. Des lettres-patentes me furent adressées à ce sujet.

J'arrivai le 11 juin; immédiatement après mon arrivée, j'eus soin de faire enregistrer mes lettres-patentes à la préfecture et à la mairie, et, dès le lendemain, je reconnus tous les ouvrages de la ville. Je n'y trouvai que soixante bouches à feu, tandis que l'armement de la place devait être porté à cent. Il n'existait, dans les magasins, que vingt-neuf mille kilogrammes de poudre, au lieu de cent mille, qui étaient absolument nécessaires à la défense de la place. L'approvisionnement des vivres ne laissait rien à désirer.

Ma garnison, qui aurait pu être portée à cinq mille hommes, n'était que d'environ neuf cents hommes des 5e et 6e bataillons de la Meuse, parce que M. le lieutenant-général Dumonceau en avait extrait, par ordre de son excellence le ministre de la guerre, les 5e et 6e bataillons des gardes nationaux des Ardennes, pour se porter en avant de Givet.

J'employai tous les moyens possibles pour la renforcer.

Les revers qu'éprouva notre armée, jetèrent dans la ville quantité de militaires isolés : je les recueillis soigneusement, et j'en formai des compagnies.

Je demandai à M. le directeur des Douanes de Charleville, de m'envoyer tous ses préposés disponibles. J'en obtins trois cent cinquante.

Les bataillons des Ardennes rentrèrent au nombre seulement de trois cent quatre-vingt-neuf (trois cent trente-neuf ayant déserté).

J'organisai la garde nationale sédentaire, et, bientôt après, je vis ma garnison forte de deux mille cinq cents hommes environ, y compris les artilleurs et une compagnie de soixante-seize jeunes gens que le maire de Charleville m'envoya sur la demande que je lui en avais faite.

Elle était cependant trop faible de moitié pour pouvoir défendre avec avantage une forteresse dont les ouvrages sont évalués à dix bastions; mais je fis de telles dispositions, que l'ennemi ne pouvait, en aucun endroit, tenter une surprise, ni se présenter sans être vivement repoussé.

J'ai eu beaucoup à regretter la perte d'un détachement de cinquante hommes de cavalerie, qui avait été envoyé par M. le lieutenant-général Dumonceau, reconnaître l'ennemi dans les environs de Sedan, et qui, s'étant trouvé coupé, fut contraint de rentrer à toute bride dans cette ville. Cette perte m'a été d'autant plus sensible, que je me suis vu privé de M. le capitaine de gendarmerie Cachera, qui, par son zèle et son intelligence, m'eût rendu de très-grands services dans la place.

Depuis ce moment jusqu'au 25, je ne m'occupai que de l'exercice des troupes et de leur instruction sur le service.

Le 25, j'appris que l'ennemi faisait des mouvements pour venir cerner la place.

Le 27, je fus informé que le canon ne tirait plus sur Sedan, et que, par suite d'une convention, la division des Saxons qui avait investi cette ville, se portait autour de Mézières. En effet, le 28, l'ennemi parut devant la place, en couronna les hauteurs, et, vers les quatre heures de relevée, elle fut cernée de toutes parts.

Le 29, vers les deux heures après midi, il descendit de Saint-Maur, l'une de ses positions, et vint, avec du canon, attaquer Charleville.

Les bourgeois, seuls, eurent à le combattre. Se laissant, sans doute, emporter par trop de zèle, ils ne calculèrent pas les conséquences d'une résistance qu'on pouvait tout au plus opposer à un parti de cavalerie.

La ville fut prise de vive force, vers les cinq heures, et livrée au pillage pendant deux heures. Plusieurs personnes furent victimes de cet événement, l'ennemi ayant tiré à mitraille dans les rues, après son entrée dans la place.

Pendant l'attaque, plusieurs de mes batteries firent feu, pour déjouer les projets de l'ennemi, mais infructueusement.

Je me fusse porté au secours de cette ville, si j'avais eu une garnison suffisante et sûre; et si, en outre, je n'avais pas cru devoir ménager des hommes qui m'étaient absolument nécesssaires pour défendre ma place.

La prise de Charleville excita des murmures, elle occasionna même des attroupements suscités par des canonniers bourgeois de cette ville, appelés à Mézières pour aider à servir l'artillerie de cette place. Dans la nuit, on poussa même l'insubordination jusqu'à afficher un placard tendant à provoquer l'assassinat des premières autorités, et du gouverneur.

Le 29, je fis connaître à la garnison, par un ordre du jour, combien il était important de conserver la ville intacte, pour la remettre au gouvernement français (Voir le n° 1).

Le 30 juin, je désignai aux troupes les postes que chacune d'elles devait occuper en cas d'alerte, en leur recommandant de s'y porter avec toute la rapidité possible.

Depuis le 1er juillet, les avant-postes n'ont cessé de se tirailler jusqu'au 11, époque à laquelle je reçus une lettre de M. le général en chef Hake, où il me sommait de me retirer avec mes troupes sur la Loire, ou de les licencier après avoir remis la ville, la citadelle, leur armement, les munitions et les magasins en tout genre.

Cette lettre, sous le n° 2, devait rester sans réponse.

Le général en chef, voyant mon silence, donna des ordres pour que, de toutes parts, mes avant-postes fussent harcelés. On se tiraillait continuellement, nuit et jour; et c'est ce qui me détermina à lui écrire la lettre sous le n° 3, dans laquelle je lui proposais de suspendre toute espèce d'hostilité, jusqu'à ce que nos gouvernements nous eussent fait connaître leurs intentions.

Sa réponse négative est sous le n° 4.

Le 17, au matin, il entra dans la place, à l'insu de l'ennemi, un courrier de la malle, dirigé sur Sedan, qui nous donna la nouvelle que le roi était remonté sur son trône.

Je m'empressai de l'annoncer, par un ordre du jour, à la garnison et aux habitants, et j'ordonnai qu'on arborât le drapeau blanc, et qu'on prît la cocarde blanche.

Cet ordre est sous le n° 5.

Je donnai de suite avis à M. le général en chef, que ce courrier entré dans la ville m'avait remis un *Moniteur*, qui me faisait connaître que l'armée de la Loire avait fait sa soumission au roi, et je lui réitérai ma demande de faire cesser toute hostilité (Voir ma lettre n° 6).

Sa réponse, n° 7, fut encore négative.

Le 18, je fis connaître au général en chef, par ma lettre, n° 8, que la garnison et les habitants avaient fait leur soumission entière et absolue à sa majesté le roi Louis XVIII, et que, conformément à mon ordre du jour, dont je lui envoyais copie imprimée, ils allaient arborer la cocarde blanche, et faire flotter le drapeau blanc.

Je sollicitai du général ennemi, un passeport pour un de mes aides-de-camp, que je désirais envoyer à Paris, près de votre excellence, afin de lui faire connaître cette soumission. Je demandai de nouveau la suspension de toutes hostilités ; mais le général en chef, par sa lettre du 20, sous le n° 9, me refusa l'un et l'autre.

Le contenu de cette lettre, qui excita en moi une profonde surprise, est de nature à fixer l'attention de votre excellence.

Je me vis donc contraint de confier au courrier, lors

de son retour qui n'eut lieu que le 21, le rapport que je fis à votre excellence, sous la date du 17 (Voir le n° 10). J'ai toujours eu lieu de croire que cette dépêche, à laquelle étaient joints un ordre du jour et l'état de situation de la garnison de la place, ne lui est point parvenue.

Je sentis la nécessité d'instruire la garnison de toutes les démarches que j'avais faites pour obtenir un armistice : c'était le moyen de la déterminer à une résistance opiniâtre, et d'arrêter les progrès de la désertion qui, déjà, se manifestait ouvertement dans les bataillons des gardes nationaux de la Meuse. En conséquence, je donnai le 22 l'ordre du jour, qui se trouve sous le n° 11.

Le 23, l'ennemi continuait toujours ses travaux. Le feu de nos batteries inquiétait vivement ses travailleurs, et en tuait un grand nombre.

Le 24, je fis sortir quelques hommes du 22e, qui, dispersés en tirailleurs, attaquèrent l'ennemi. Celui-ci occupait un poste au-dessus et à droite d'une maison dite Bellevue, située à environ deux cent quarante mètres de l'avancée du Pont-d'Arches. Cette sortie avait pour but de reconnaître les ouvrages qu'il avait faits sur ce point.

Le 25, au moment où la désertion se manifestait d'une manière alarmante, et où tout semblait se conjurer pour la ruine de la ville, deux officiers de l'état-major organisaient un foyer d'insubordination, et me forcèrent à un acte de sévérité (Voir mon arrêté sous le n° 12).

Le même jour, je reconnus que l'ennemi avait construit, à environ six cents mètres au nord de la ville, une batterie qui avait six embrasures, masquées chacune par deux gabions, et qu'il avait fait un boyau conduisant de cette batterie à Charleville. Je reconnus aussi qu'il avait travaillé dans le village de Mohon, situé à environ huit cents mètres au sud de la ville.

Menacé sur tous les points, je résolus de faire une sortie afin de reconnaître de plus près ses travaux, et je l'ordonnai après m'être assuré que chacun occupait le poste qui lui était assigné.

Un bataillon composé de douaniers, de volontaires de la garde nationale sédentaire et de plusieurs compagnies de la 3e légion des Ardennes, sortit par la citadelle, et se dirigea sur Saint-Laurent, village situé à quatre kilomètres à l'est de la ville, que l'ennemi occupait, et où il avait un parc.

Ce bataillon fut on ne peut mieux dirigé par M. le major Baudin.

Un autre bataillon, sous les ordres de M. le major Coblence, composé de douaniers, de la compagnie du 22e de ligne, et d'hommes choisis dans les bataillons des gardes nationaux de la Meuse, ayant deux pièces de campagne, masquées par deux pelotons de cavalerie, de vingt hommes chacun, sortit par la porte du Pont-de-Pierre, et se dirigea sur le village de Mohon, en avant duquel l'ennemi avait construit différents ouvrages, et dans lequel il avait quatre bouches à feu.

Ce bataillon marchant avec rapidité sur cette direction, arriva jusque sur l'ennemi, qu'il n'avait pu apercevoir, celui-ci s'étant retranché dans un boyau et dans différents trous de loup, qu'il avait à l'entrée du village. Une vive fusillade s'engagea, et, malgré l'avantage que lui donnait sa position, l'ennemi fut culbuté. Le village fut enlevé et traversé au pas de charge, et ses pièces de canon restèrent en notre pouvoir ; mais il fut impossible de les enlever et de conserver le village, l'ennemi ayant reçu un renfort considérable de tous les environs.

Je me vis donc contraint d'ordonner la retraite, qui se fit dans le plus grand ordre, sous la protection des deux pièces de campagne et de l'artillerie de la place.

Je dois des éloges à M. le major Coblence et aux troupes qu'il a dirigées.

La ferme contenance du bataillon sorti par la citadelle imposait à l'ennemi. Il avançait toujours, précédé de quelques tirailleurs, mais bientôt une forte colonne, tant d'infanterie que de cavalerie, le força à la retraite. Il rentra en ville sans avoir été inquiété par les troupes étrangères, qui n'avaient osé le poursuivre.

Notre perte a été d'environ quarante hommes mis hors de combat. Celle de l'ennemi a été considérable, à en juger par les morts qu'il laissa sur le champ de bataille : on a vu, vers les deux heures de relevée, quantité de voitures, attelées chacune de six chevaux, prendre la route de Sedan. Elles étaient chargées de blessés.

Dans la nuit du 25 au 26, l'ennemi contruisit une seconde batterie près de la route de Flandre, et à quelques mètres de la maison dite Bellevue. Il en avait également construit une troisième en avant et à droite du clocher de Mohon, et une quatrième derrière une maison dite Descarreaux.

La première batterie était composée de six bouches à feu, dont trois obusiers et trois pièces de différents calibres.

La deuxième, près Bellevue, d'un mortier, de deux obusiers, et de deux pièces également de différents calibres.

La troisième, près du clocher de Mohon, de deux obusiers et de trois pièces de six.

La quatrième, située à environ quatre cents mètres de la ville, de six mortiers.

Le 26, à deux heures du matin, toutes ces batteries commencèrent leur feu ; mais je remarquai, à mon grand étonnement, que tous les projectiles étaient lancés sur la ville, et qu'aucun n'était dirigé sur mes ouvrages.

L'ennemi croyait sans doute qu'une attaque aussi chaude qu'imprévue, jetterait la terreur et la consternation parmi les habitants, et qu'il parviendrait à les insurger et à faire rendre la place. Il se trompa ; je fis de suite battre la générale, et à trois heures, les bourgeois et la garnison étaient à leur poste, tous bien décidés à se défendre.

Le feu fut on ne peut plus vif de part et d'autre, et dura environ quatorze heures. Il ne cessa, de la part de l'ennemi, que lorsque deux de ses batteries furent démontées par mes canonniers.

Pendant la nuit et le jour, les deux tiers de la garnison étaient sous les armes ; l'autre tiers eût été également disponible, et était réuni dans les casernes, avec ordre de ne point se déshabiller.

Dans la nuit du 26, l'ennemi rétablit ses batteries,

et le 27, à deux heures du matin, il recommença à tirer sur la ville avec une vivacité incroyable. Le feu de nos remparts ne céda en rien à celui de l'ennemi. Les braves canonniers, tant de la bourgeoisie que de la ligne, oubliant toute fatigue, redoublèrent de zèle et d'activité : à une heure, ils avaient de nouveau démonté les batteries de l'ennemi, et vers trois heures son feu fut réduit au silence.

Pendant ces deux jours d'un horrible bombardement, il fut tiré environ huit mille projectiles de part et d'autre.

J'eus peu de monde à regretter ; mais l'ennemi, de son aveu, éprouva des pertes considérables en tout genre. Je ne puis assez vanter la justesse du tir de nos canonniers. Rarement on voyait des bombes, obus ou boulets ne pas tomber dans les ouvrages ennemis.

Les habitants avaient dû nécessairement éprouver une perte considérable ; on l'évalue à un million. Plusieurs familles se sont trouvées sans asile et sans ressource. J'ai fait fournir à ces infortunés quatre cents rations de vivres par jour, et j'ai ordonné qu'on logeât dans des casemates et dans des souterrains leurs femmes et leurs enfants (Voir les lettres du conseil municipal, sous les nos 13 et 14). Je ne puis passer sous silence leur calme et leur sang-froid dans cette malheureuse catastrophe ; je dois aussi louer la conduite des pompiers de la ville, qui, bravant tous les dangers, se sont portés partout où le feu semblait se manifester.

Je ne crains pas de dire qu'ils l'ont éteint en plus de cinquante endroits.

Le 28, vers dix heures du matin, un parlementaire se présenta avec l'intention d'entrer. Je lui fis savoir que je ne le permettrais pas, et que s'il avait quelque chose d'important à me dire, il pouvait le communiquer à mon aide-de-camp, qui m'en ferait part. Il lui dit alors qu'un commissaire du roi était arrivé, porteur de dépêches de votre excellence, et qu'il me priait de désigner un endroit où il pourrait avoir un entretien avec moi, en présence de M. le général commandant à Charleville, et le chef de l'état-major du général en chef. J'étais bien persuadé que c'était un commissaire de sa majesté, j'avais lu dans le *Moniteur* que le roi en avait envoyé dans les places fortes; j'assignai donc l'avancée du Pont-d'Arches, et je promis de m'y trouver à deux heures, accompagné de deux officiers seulement.

Je m'y rendis en effet avec deux officiers, et j'y rencontrai ces messieurs; mais quelle fut ma surprise, lorsque, loin de trouver un commissaire de sa majesté, j'y vis M. l'ex-sous-préfet Milon de Villiers, porteur d'une dépêche ouverte de votre excellence, en date du 15 juillet, qu'il ne me remit que le 28, et qui avait été lue par les généraux des troupes étrangères! J'en avais à peine pris lecture, que M. le chef de l'état-major du général en chef Hake, me proposa de lui rendre la place de Mézières, aux mêmes clauses et conditions que Maubeuge s'était rendu.

Il mit sous mes yeux les conventions relatives à cette forteresse, je rejetai bien loin ses propositions; et plus il faisait parade de ses troupes et de tous ses moyens offensifs, plus je me plaisais à lui faire valoir mes moyens de défense. Je lui répétais sans cesse que je ne pouvais concevoir comment il mettait tant d'acharnement à vouloir s'emparer d'une place pour le compte du roi de France, puisque j'avais, ainsi que ma garnison (ce qui était à sa connaissance, voir la lettre n° 9), fait une soumission entière et absolue à sa majesté, et que je n'avais rien tant à cœur que d'exécuter les ordres qu'elle me ferait donner relativement à cette place.

Tous mes pourparlers n'eurent aucun heureux résultat. Nous restâmes *in statu quo;* seulement j'obtins verbalement un armistice tacite qui devait durer jusqu'au retour de M. l'ex-sous-préfet. Mais lorsque je remarquai que les troupes étrangères profitaient de ce soi-disant armistice pour réparer leurs batteries et en construire des nouvelles, j'ordonnai de suite de faire feu, et c'est ce qui a donné lieu à la lettre de M. Milon de Villiers (voir le n° 15).

Je ne puis dissimuler à votre excellence que j'ai été étrangement surpris de voir un ex-sous-préfet, qui n'était muni d'aucun pouvoir, se permettre de m'écrire de la sorte. Si votre excellence daigne lire sa lettre, je ne doute pas qu'elle ne trouve son style inconvenant sous tous les rapports.

Les 29, 30 et 31, l'ennemi ne cessa de travailler jour et nuit : mes batteries faisaient cependant feu de toutes parts pour s'opposer à ces travaux ; ce qui obligeait mes canonniers à être toujours sur les remparts. Il n'y avait point de nuits qu'il n'attaquât sur plusieurs points, et ma garnison, trop faible, comme je l'ai déjà dit, pour défendre tous les ouvrages, devait être sans cesse sous les armes, ce qui la fatiguait extraordinairement, et ce qui remplissait le but de l'ennemi, qui, malgré les pertes énormes qu'il éprouvait, avait tous les jours de nouvelles troupes à faire mouvoir.

Le 1er août, il passa la Meuse au gué, et vint s'emparer d'une ferme dite *la Warenne*, située dans l'île St-Julien. Il y établit un poste considérable, malgré la bravoure que déploya la compagnie des jeunes gens de Charleville.

Cette prise de position par l'ennemi, rendait ma situation inquiétante.

Il ne me fut pas difficile de voir que ses intentions étaient de s'emparer de l'île Saint-Julien, et par suite du village. Je pris des mesures pour m'y opposer.

Dans la nuit, il vint attaquer une redoute à l'avancée de la citadelle, avec des forces considérables, et s'en empara, malgré la vigoureuse résistance des douaniers; mais se voyant foudroyé par mon artillerie, il ne put s'y maintenir.

Cette attaque avait pour but de détruire la redoute et de fixer notre attention sur ce point, tandis qu'il porterait des forces dans l'île Saint-Julien, où l'on ne cessa de tirailler toute la nuit.

Le 2, l'ennemi travailla nuit et jour à la construction de deux ponts, pour pénétrer plus facilement dans l'île Saint-Julien. La distance était trop grande pour que les canonniers pussent l'en empêcher.

Le 3, je reconnus que les deux ponts étaient construits, le premier à environ quinze cents mètres à l'ouest de la ville, au-dessous du village de Prix, et le deuxième, à la tour du village de Warcq, environ trois cents mètres au-dessous du premier.

J'étais loin d'être sans inquiétude, car l'ennemi faisait de grands progrès dans l'île, et mes forces diminuaient considérablement, non par le feu, mais par la désertion des gardes nationaux, qu'avait provoquée une proclamation du général en chef prussien Hake.

Cette proclamation, qui pendant la nuit avait été jetée dans les ouvrages et recueillie par les soldats, leur annonçait qu'ils pouvaient, sans crainte, se présenter à l'état-major des alliés, où il leur serait délivré des passeports pour retourner librement dans leurs foyers.

Au moment où je venais de faire ma reconnaissance dans l'île, des tirailleurs, soutenus par quelques pelotons, sortirent de la ferme dite *Warenne*, et vinrent impétueusement attaquer mes avant-postes. Une fusillade très-vive s'engagea et dura jusqu'à la nuit close.

J'eus quelques hommes blessés dans cette journée.

Dans la nuit du 3 au 4, vers les onze heures du soir, quelques centaines d'hommes pris de vin, vinrent, par des *houras*, intimider mes avant-postes, et fondirent sur eux; mais les braves qui les défendaient, les reçurent avec leur sang-froid accoutumé, et leur firent payer cher leur témérité et leur ivresse.

Vers quatre heures du matin, il y eut un brouillard si épais, que les canonniers étaient dans l'impossibilité d'agir, n'ayant plus de point de direction.

L'ennemi profita de cet avantage, et rien ne put l'empêcher de s'établir dans une promenade dite le Bois-d'Amour, qui était pour lui un point très-essentiel.

Vers onze heures du soir, il fit de nouvelles tentatives tant sur la redoute qu'occupaient toujours les douaniers, que sur l'avancée du Pont-de-Pierre. Il fut vivement repoussé sur ces deux points.

Le 4, à dix heures du matin, le feu prit au faubourg avancé de Saint-Julien.

Les habitants, qui craignaient ce fâcheux événement, avaient eu l'heureuse précaution de rentrer leurs effets en ville.

Dans la nuit du 4 au 5, l'ennemi plaça une batterie près le bois de Prix ; à onze heures du soir, elle commença à tirer, et treize obus tombèrent sur la ville.

N'ayant pas reconnu d'ouvrages dans la direction d'où venait le feu de cette batterie, je jugeai qu'elle devait être volante, et j'en eus la conviction lorsque je vis cette même batterie placée près le village de Mohon, et lancer encore des obus sur la ville. Comme elle changeait à chaque instant, il était impossible à nos canonniers de riposter avec succès.

Le 5, je reconnus que l'ennemi avait construit à la tête de Lilot un troisième pont sur la Meuse, pour avoir la communication avec Charleville et favoriser la désertion des gardes nationaux que je ne pouvais empêcher, malgré toutes les précautions que j'avais prises. Je reconnus aussi qu'il avait construit un boyau qui conduisait de son premier pont au bois de Prix.

Dans la nuit du 5 au 6, un violent orage survint. L'ennemi crut devoir profiter de l'obscurité pour s'emparer, par surprise, de Saint-Julien ; mais, contre son attente, il fut reçu par une vive fusillade qui eut lieu toute la nuit. Au point du jour, elle cessa, et les avant-postes seuls se tiraillèrent. Dans la même nuit, il vint encore pour surprendre le poste des douaniers, qui occupaient la redoute dont il a déjà été fait mention plusieurs fois, il fut repoussé avec perte. Repoussé sur tous les points, il fit jouer de nouveau sur la ville sa batterie volante, sachant qu'il pouvait, sans coup férir, faire beaucoup de mal.

Le 6, voyant que le feu continuait sans cesse de la part de l'ennemi, et prenant en considération la lettre que venait de m'écrire le conseil municipal (sous le n° 16), j'écrivis au général en chef, pour me plaindre amèrement de sa proclamation tendant à provoquer la désertion, et pour l'inviter à suspendre toutes hostilités contre des troupes si dévouées au roi, et qu'il ne pouvait s'empêcher de considérer comme servant la cause de Sa Majesté, puisqu'il avait été officiellement instruit de la soumission que lui avait faite les habitants et la garnison (voir le n° 17).

La réponse du général en chef à ma lettre se trouve sous le n° 18.

Dans la nuit du 6 au 7, l'ennemi tira des coups de canon et lança des obus sur tous les points de la ville, faisant toujours usage de sa batterie volante. Par cette manœuvre, il cherchait à nous amuser, et à tenter de rechef un coup de main sur l'île Saint-Julien. Il faillit réussir dans ses projets, mais les braves soldats du 22e veillaient.

Il profita de l'obscurité de la nuit pour s'avancer en silence, et vint jusqu'aux pieds des palissades sans faire feu. Une colonne manœuvrait également en silence, et cherchait à tourner les troupes. Tout semblait favoriser l'ennemi dans son entreprise; il était même déjà parvenu à saper trois palissades, lorsqu'un feu terrible s'engagea et dura près de quatre heures. L'artillerie de la place seconda parfaitement l'infanterie. L'ennemi fut contraint de se retirer. Ceux qui sapèrent les palissades payèrent leur témérité ; beaucoup furent tués, et deux faits prisonniers. On trouva, au jour, des fascines et des mèches que l'ennemi avait apportées, on ignore à quel dessein.

Les prisonniers questionnés sur l'état de leurs forces dans cette attaque, et sur leur intention, dirent qu'ils étaient environ trois mille, qu'ils ne connaissaient pas positivement les projets de leurs chefs, mais qu'ils comptaient nous surprendre, et s'emparer du village. Ils avouèrent aussi qu'ils avaient perdu beaucoup de monde dans cette tentative, puisque, toute la nuit, seize voitures avaient été employées à enlever les morts et les blessés.

Le 8, le canon de la place tira sans cesse sur les travailleurs.

Dans la nuit du 8 au 9, l'ennemi construisit différents ouvrages, malgré le feu de notre artillerie.

Le 9, je reconnus qu'il avait fait un boyau au-dessous de son troisième pont établi à la tête de Lilot, lequel conduisait à la dernière maison de Saint-Julien; plus une batterie située près le chemin qui conduit aux Granges, et une autre dans les allées de Saint-Julien.

L'ennemi ne fit point usage de ses batteries pendant la nuit ; il ne s'occupa que de ses travaux.

Dans la journée du 9, il envoya des boulets et des obus dans la ville ; il y eut deux canonniers bourgeois grièvement blessés, et plusieurs maisons fortement endommagées.

Ma position, alors, était on ne peut plus affligeante. Je savais que toutes les batteries de l'ennemi étaient établies, qu'il avait quatre-vingt-dix bouches à feu de gros calibre, à 4 kilom. en avant d'un village dit Belleval ; que, dans la nuit du 10 au 11, toutes les pièces seraient en position, et qu'il avait en outre une quantité énorme de poudre et de projectiles. Je savais qu'il devait recevoir sous peu trente-deux pièces de siége qui étaient en route ; et, en effet, elles arrivèrent quelques jours après.

Dans la nuit du 9, j'occupais toujours le village Saint-Julien, dont l'ennemi voulait à toutes forces s'emparer ; mais voyant que toutes ses tentatives étaient infructueuses, il conçut et mit à exécution le projet d'incendier le village en l'accablant de bombes et d'obus. En peu de temps, l'incendie se manifesta à un tel point, que mes troupes furent obligées de l'évacuer et de se retirer derrière les palissades.

L'ennemi se trouvait alors à quarante mètres de l'avancée de la porte Saint-Julien ; et comme il me menaçait fortement sur ce point, je devais le garder soigneusement ; la désertion avait pris un tel empire sur l'esprit des gardes nationaux, que, lorsque je leur confiais des postes avancés, on venait bientôt après, malgré la surveillance de leurs chefs, m'annoncer que la moitié avait escaladé les palissades pour passer à l'ennemi.

Dans cette position pénible, je crus pouvoir arrêter ce désordre en faisant un exemple. J'ordonnai la mise en jugement d'un chef de complot, qui fut condamné à mort. Ce jugement, dont je fis donner connaissance à la garnison, ne produisit aucun effet. Je n'avais donc pas l'ombre d'espoir de continuer à défendre la ville avec avantage; la compagnie du 22e, forte de 150 hommes, qui avaient pendant dix jours et dix nuits consécutifs, résisté à toutes les attaques de l'ennemi, était tellement harassée, que, malgré sa valeur, je ne pouvais plus compter sur elle (Voir la lettre du commandant de cette compagnie, n° 19).

Il en était de même des trois cents douaniers dont la plupart étaient mariés, qui, toujours de service, étaient très-fatigués et n'auraient pu, malgré la bonne volonté qu'ils n'ont cessé de manifester, tenir deux jours de suite au poste qui leur aurait été assigné.

En supposant néanmoins que ces braves troupes eussent été en état de tenir, je ne pouvais compter que sur 450 hommes.

J'avais en effet deux compagnies de gardes nationaux sédentaires, fortes d'environ deux cent quatre-vingts hommes; mais quel service pouvais-je en attendre, si l'ennemi avait commencé à attaquer et à bombarder de nouveau la place? il est certain que chacun d'eux se serait empressé d'aller secourir sa famille et son habitation.

Le tableau que je fais ici de ma garnison est bien propre à prouver le peu de ressources qu'elle m'offrait, et rien ne vient mieux à l'appui de mon exposé que le rapport de M. le commandant de la place (Voir le n° 20).

Il m'était donc de toute impossibilité de pouvoir défendre la moitié de mes ouvrages.

Je n'avais conséquemment d'autre parti à prendre, que de chercher à entrer en arrangements. J'avais continuellement sous les yeux les désastres de la ville. Une résistance inutile, de ma part, la réduisait en cendres, et je devais épargner de nouvelles calamités aux sujets de sa majesté, puisque c'était sa cause que j'embrassais si chaudement.

Les lettres du conseil municipal, sous les n°s 13 et 14, et du général en chef Hake (sous le n° 18), me déterminèrent à réunir le conseil de défense, et d'après sa délibération (sous le n° 21), motivée sur des principes sages et mûrement réfléchis, je sollicitai et obtins la permission d'envoyer deux officiers près de M. le général en chef Hake, pour traiter d'une convention, j'ose dire, très-honorable, et que l'ennemi se serait bien gardé de faire, s'il avait connu la faiblesse de mes moyens. J'ai su, depuis, que le général en chef avait été fortement blâmé de l'avoir ratifiée.

Cette convention, qui a été deux jours à se conclure, et que je me suis empressé de transmettre à votre excellence, se trouve sous le n° 22.

D'après cette convention, qui fut imprimée et affichée, afin que les habitants et la garnison pussent en prendre connaissance, on ne devait occuper la place que dans trois jours d'intervalle, c'est-à-dire les 11, 12 et 13.

Le 11, vers les dix heures du matin, l'ennemi entra au faubourg du Pont-d'Arches, et en prit possession.

Le 12, vers midi, il entra au faubourg du Pont-de-Pierre, et le fit occuper.

Le même jour, je licenciai, conformément à l'ordonnance du roi, les deux bataillons de la Meuse. Ceux-ci, avant leur départ, poussaient, dans les environs de leur quartier, des cris séditieux. J'envoyai aussitôt mon premier aide-de-camp, pour les faire rentrer dans le devoir. Cet officier faillit être victime de son dévouement. Cependant on parvint à faire sortir cette troupe de la ville, en assez bon ordre.

Je licenciai aussi la compagnie des jeunes gens de Charleville, et tous les douaniers qui étaient mariés : ceux-ci furent remis à la disposition de M. Gallien, leur directeur, dont le domicile est à Charleville. Je ne conservai que huit cents hommes environ, que je fis entrer dans la citadelle, au moment où les troupes étrangères vinrent occuper la ville.

Le 14, le général en chef passa la revue de douze mille hommes qui étaient destinés à agir contre moi, si la convention n'avait pas eu lieu.

D'après une condition formelle, portée en l'article 4 du traité que nous avions conclu, je devais me croire dans la plus grande sécurité, jusqu'au 1er septembre : aussi ne se passa-t-il rien de nouveau jusqu'au 21 août.

Le 22, sans aucune provocation de notre part, l'en

nemi entra en galerie, dans le mur d'escarpe du bastion n° 1er, à l'aide d'une cave du gouvernement, adossée au revêtement. Quarante mineurs y travaillaient nuit et jour.

Le 23, il commença une batterie blindée sur la place du marché, et construisit des batteries dans l'île Baudart, et le demi-bastion de droite de l'ouvrage à cornes d'Arche.

Le 24, je fis tirer, au coucher du soleil, vingt-cinq coups de canon, pour annoncer la fête de Sa Majesté, notre auguste souverain.

Le 25, même salve d'artillerie à six heures du matin et à midi. Vingt-six coups de canon furent tirés au coucher du soleil.

Jaloux de donner à cette fête tout l'éclat et la pompe que permettait notre position, j'ordonnai une grande parade à midi. Toute la garnison y assista dans la meilleure tenue.

A deux heures commencèrent les jeux, qui durèrent jusqu'au soir.

J'avais réuni à ma table tous les officiers supérieurs et tous ceux de l'état-major. Livrés à la joie la plus vraie, nous portâmes des toasts à sa majesté, et à toute la famille royale.

Le soir, la garnison se livra aux plaisirs de la danse. La maison et le jardin du gouvernement furent illuminés le mieux possible.

J'avais fait placer un transparent qui représentait les armes de France, et au bas duquel était écrit : *Vive le roi!* Dès qu'il parut, les cris de *Vive sa majesté!* se firent entendre, tant dans la citadelle que dans la ville de Mézières. L'écho retentit de ces cris jusqu'à minuit.

Dans le moment où mes troupes se livraient à la joie, croyant ne rien avoir à craindre de la part de l'ennemi, celui-ci établissait une nouvelle batterie sur la rive gauche de la Meuse, près de l'extrémité de la branche gauche de la Couronne de Champagne.

Le 26, il travailla à un pont de bateau, pour lier les ouvrages des deux rives.

Le 27, indigné de voir que l'article 4 de la convention était horriblement violé, je m'empressai d'écrire au général en chef, pour lui demander les motifs qui, contre tous les droits des gens, l'avaient autorisé à en agir ainsi, en lui faisant connaître que mes intentions bien prononcées étaient de profiter de l'article 5 de notre convention : ma lettre (n° 23) resta sans réponse.

Le 28, l'ennemi établit dix plates-formes de mortiers dans le pré Bussy, au pied de l'escarpe du tenaillon de la porte Neuve.

Le 30, il couvrit toutes les communications aux diverses batteries, soit par des levées de terre, soit par des épaulements en fascines, et retourna le parapet de la face droite de la demi-lune de la porte Neuve, pour y placer de l'infanterie.

Pressentant ses intentions, j'écrivis au général en chef, pour lui rappeler la lettre que je lui avais écrite le 27 (voir le n° 24).

Cette lettre resta encore sans réponse.

Le 31, à la pointe du jour, il avait établi deux batteries de brêches, l'une de huit pièces dans la demi-lune de la porte Neuve, l'autre de quatre pièces, dans le rez-de-chaussée du gouvernement, vis-à-vis le bastion n° 1.

Le 31, il se trouvait avoir vingt-huit mortiers en batterie sur cinq points différents, deux obusiers au-dessus de la porte Noire, indépendamment de ses batteries de brêche qui étaient armées et ne se trouvaient qu'à douze mètres des murs de la citadelle; plus les deux fourneaux de mine, au moyen desquels il pouvait faire une brêche de plus de 14 mètres sur la face gauche du bastion n° 1 (voir le rapport de M. le commandant du génie, n° 25.

Tous les travaux de l'ennemi étaient terminés, lorsque le 31, je reçus du général prussien une réponse, datée du 30, à mes lettres des 27 et 30, où il semblait exiger une nouvelle convention pour la remise de la citadelle (voir la lettre n° 26).

Outré des propositions qu'il me faisait, indigné de voir violer ce qu'il y a de plus sacré dans le militaire, je convoquai le conseil de défense, et lui donnai communication de la lettre que je venais de recevoir.

Le conseil prit aussitôt une délibération (voir le n° 27). Et c'est par suite que j'écrivis au général ennemi ma lettre (sous le n° 28), chargeant MM. les colonels d'artillerie Griois et le commandant de la place Traullé d'aller stipuler avec lui, pour la remise de la citadelle, sans déroger en rien à l'article 5 de la convention du 10 août : il ne voulut pas les recevoir.

Il était sept heures de relevée, et rien n'était encore décidé. J'avais été fidèle à ma parole, et j'avais vu violer entièrement toutes les dispositions de la convention.

Une conduite semblable, dont l'histoire n'offre point d'exemple, me plaçait dans une position extraordinairement pénible. Je ne pouvais pas me défendre ; je le savais, puisque la citadelle n'offre aucune résistance du côté de la ville ; les maisons qu'on a laissé construire à une portée de pistolet, étant beaucoup plus élevées que ses ouvrages, qui se trouvaient conséquemment plongés, et plus particulièrement l'aile gauche du bâtiment de la préfecture, qui n'est qu'à douze mètres du bastion n° 1, et sous lequel l'ennemi s'était établi en galerie, comme l'indique le rapport de M. le commandant du génie.

D'ailleurs, je n'avais que très-peu de poudre, et je manquais de bois de blindage, de gabions et de fascines pour construire des travaux propres à rallentir la marche des opérations de l'ennemi.

Dans cet état de choses, je n'avais que l'espoir de recevoir les ordres que votre Excellence m'avait fait pressentir, d'après le dernier paragraphe de sa lettre du 14 août dernier.

A sept heures et demie, le général ennemi, se démasquant entièrement, me fit dire, par un officier d'état-major, que si je n'adhérais pas aux propositions qu'il m'avait faites par sa lettre (voir le n° 26), à minuit précis, il ferait jouer toutes ses batteries.

Mon indignation, celle de la garnison et des habitants de Mézières étaient à leur comble. Chacun aurait voulu pouvoir se venger de la conduite, blâmable sous tous les rapports, que ce général ne cessait de tenir depuis le 22 ; déjà huit mille Prussiens cernaient la citadelle de toutes parts, attendant avec instance le moment de pouvoir en prendre possession.

Leur général avait eu soin d'éloigner les troupes hessoises et saxonnes, qui toutes avaient supporté le fardeau de quarante-huit jours de combats, dans lesquels elles ont perdu près de trois mille hommes. Il avait sans doute envie de faire ressortir la valeur des soldats prussiens, en leur attribuant le succès de son entreprise, mais comment avait-il pu oublier qu'A VAINCRE SANS PÉRIL, ON TRIOMPHE SANS GLOIRE !

C'est par suite de toutes ces dispositions, c'est par des menaces aussi déloyales, qu'il me mit dans la dure nécessité d'adhérer à la demande qu'il m'avait faite de lui remettre, le 1er septembre, les portes de la ville et de Secours.

Le 2, je m'occupai du licenciement d'une partie de ma petite garnison.

Le 3, je partis de la citadelle, tambour battant, mèche allumée, emmenant avec moi deux pièces de huit, deux obusiers de six, quatre caissons de munition et deux caissons de cartouches d'infanterie qui, à mon arrivée à Paris, ont été remis, conformément aux ordres de votre excellence, à M. le général Evin.

Les canons et munitions étaient escortés par environ quatre cents hommes, tant d'artillerie que d'infanterie. Conformément aux ordonnances du roi, je licenciai sur ma route tous ceux qui faisaient partie des départements en-deça de Paris, et ce qui m'est resté a été placé ici dans la caserne des Petits-Pères.

Je ne puis assez signaler à votre excellence les services importants que m'ont rendus les premières autorités de la ville de Mézières.

J'ai recueilli le prix le plus doux que je pouvais attendre de leur reconnaissance. Le conseil municipal, réuni en séance extraordinaire, a arrêté qu'il me serait offert une décoration de la Légion-d'Honneur, portant d'un côté l'effigie du roi, et de l'autre, ces mots :

AU GÉNÉRAL LEMOINE,

LA VILLE DE MÉZIÈRES RECONNAISSANTE.

Je dois généralement des éloges à MM. les officiers supérieurs et autres de la garnison, ainsi qu'au commissaire des guerres. Je n'en dois pas moins à la garde nationale sédentaire, à l'artillerie, aux sapeurs, aux douaniers, à la compagnie du 22e, et à celle de Charleville.

Je me ferai un devoir de mettre plus tard, sous les yeux de votre excellence, ceux en faveur desquels j'ai des grâces à solliciter.

Je supplie votre excellence de croire que, si j'ai le bonheur de les obtenir, j'épouverai une jouissance parfaite, puisque ce sera la preuve la plus réelle de son estime, de sa bienveillance et de sa satisfaction.

Ce Mémoire, monseigneur, que j'ai ici l'honneur de soumettre à votre excellence, sera sans doute mis sous les yeux du roi.

Je désire ardemment que sa majesté voie, dans ma conduite, celle d'un militaire, qui, entièrement dévoué à sa personne, regrette de s'être vu forcé, par tant d'événements, à remettre aux alliés, à titre de dépôt, une place qu'il aurait été si jaloux de lui conserver.

J'ai l'honneur d'être, avec un profond respect,

Monseigneur,

De votre excellence,

Le très-humble et très-obéissant serviteur,

Chevalier LEMOINE.

PIÈCES JUSTIFICATIVES.

N° 1er.

ORDRE DU JOUR.

Au quartier-genéral à Mézières, le 29 juin 1815.

SOLDATS!

La place confiée à notre défense est investie de toutes parts. L'ennemi couronne ses hauteurs. Que son approche, loin de nous intimider, redouble notre ardeur, excite notre gloire. Dans cette circonstance, chacun doit rivaliser, chacun doit prouver que la valeur française ne se démentira jamais, surtout lorsqu'il s'agit de servir sa patrie. Sachons, par une défense vigoureuse et opiniâtre, mériter ses bienfaits et sa reconnaissance.

Et vous, épouses des nobles défenseurs de cette place, demeurez calmes et paisibles, dans vos foyers, avec vos enfants. Nous voulons sauver vos propriétés; nous voulons vous mettre à l'abri des outrages de l'ennemi; nous voulons vous garantir des affreux résultats d'une invasion de sa part; nous voulons, en un mot, remettre cette place intacte au gouvernement français.

Le courage et le bon esprit des habitants de cette ville et des militaires de la garnison, me sont assez connus pour être persuadé qu'il ne me sera pas difficile d'atteindre mon but; mais si, contre mon attente, des malveillants, quels qu'ils puissent être, cherchaient, par des discours, à décourager le soldat; s'il s'en trouvait même d'assez osés pour faire pressentir qu'il faille rendre la place, ils seront à l'instant arrêtés et chassés de la ville.

Le présent ordre sera lu demain matin, à la tête de chaque compagnie; il sera imprimé, publié et affiché par les soins de la mairie de cette commune.

Le lieutenant-général, commandant supérieur de la place en état de siége.

Signé LEMOINE.

No 2.

Au quartier-général à Sedan, le 11 juillet 1815.

A Monsieur le général commandant supérieur de la ville de Mézières.

MONSIEUR LE COMMANDANT,

D'après les événements qui viennent d'avoir lieu à Paris, et la convention qui a été conclue le 3 juillet entre les armées qui se trouvaient sous les murs de la capitale, par laquelle il a été arrêté que l'armée française se retirerait derrière la Loire, j'ai ordre de vous proposer de vous joindre à elle et, dans ce cas, de vous donner toutes les facilités possibles pour arriver à cette destination, ou bien de me remettre la ville et la forteresse de Mézières, et de licencier ensuite votre garnison, à laquelle il sera délivré des passeports pour retourner dans ses foyers.

J'ai l'honneur d'être, etc., etc.

Le général en chef de l'armée du nord de l'Allemagne,

Signé HAKE.

N° 3.

Mézières, le 16 juillet 1815.

A son Excellence le général en chef de l'armée du nord de l'Allemagne.

Monsieur le général en chef,

Je pense que la convention qui a eu lieu entre l'armée française et celle des alliés, sous les murs de Paris, doit incessamment nous procurer une paix durable : ces motifs et les réclamations que les habitants de Charleville et de Mézières font journellement pour avoir la faculté de rentrer sans danger leurs récoltes, me déterminent à vous proposer de suspendre toutes espèces d'hostilités jusqu'à ce que nos gouvernements nous aient fait connaître leurs intentions.

J'ai l'honneur d'être, etc.

Signé Lemoine.

N° 4.

Au quartier-général à Sedan, le 16 juillet 1815.

A Monsieur le lieutenant-général Lemoine, commandant supérieur de la place de Mézières.

Monsieur le général,

J'ai reçu la lettre que vous m'avez fait l'honneur de m'écrire aujourd'hui, par laquelle vous me faites part des réclamations des habitants de Charleville et de Mézières, et me demandez de suspendre toutes hostilités.

J'ai l'honneur de vous faire observer que la convention qui a eu lieu sous les murs de Paris ne regardait absolument que les troupes qui s'y trouvaient ; je n'ai donc pas le droit de généraliser l'armistice qui en a été la suite.

Je dois vous représenter que ce n'est pas moi qui vous ait inquiété le premier, tandis que journellement vous faites tirer sur mes troupes et sur mes travailleurs, entr'autres avant-hier vous avez, contre toutes les règles, fait tirer sur une escorte qui avait reconduit quelques personnes dans la place; cette nuit même vous n'avez cessé de tirer sur mes ouvrages.

Je ne m'oppose pas à ce que les habitants de Mézières rentrent tranquillement leurs récoltes; il dépend de vous qu'ils puissent le faire avec sécurité, en vous abstenant de tirer sur mes travailleurs, et à cette condition je m'engage, de mon côté, à ne pas tirer sur la ville ni sur les alentours.

J'ai l'honneur d'être, etc.

Le général en chef de l'armée du nord de l'Allemagne.

Signé HAKE.

N° 5.

ORDRE DU JOUR.

Mézières, le 17 juillet 1815.

Le conseil de défense, convoqué par ordre de Monsieur le lieutenant-général commandant supérieur de la place de Mézières, en état de siége, à l'effet de prendre communication des différents documents qui ont dû l'éclairer sur la situation actuelle et politique de la France, instruit que le roi était rentré depuis le 8 dans sa capitale; sachant que l'armée retirée derrière la Loire, lui avait fait sa soumission, et que des commissaires étaient envoyés de Paris, dans les places fortes, pour faire cesser les hostilités; voulant manifester à sa majesté le dévouement de la garnison, a arrêté à l'unanimité que demain, 19 du courant, à six heures du matin, le drapeau blanc serait arboré au clocher et à la maison commune, et que tous les militaires de la garnison prendraient la cocarde blanche.

Le lieutenant-général commandant supérieur de cette place prenant en considération cet arrêté :

Ordonne aux autorités civiles et militaires de se conformer strictement à ses dispositions ; cette mesure ne change en rien l'état de siége de la place, l'ennemi n'ayant pas voulu s'en éloigner ; en conséquence, il est expressément défendu aux autorités civiles et militaires de faire le moindre acte d'autorité, sans l'autorisation spéciale du gouverneur.

Le lieutenant-général commandant supérieur.

Signé LEMOINE.

N° 6.

Mézières, le 17 juillet 1815.

A Monsieur le général en chef de l'armée du nord de l'Allemagne.

MONSIEUR LE GÉNÉRAL EN CHEF,

N'ayant point encore obtenu de votre Excellence, réponse à la lettre que j'ai eu l'honneur de lui écrire hier, je crois devoir lui mander que ce matin il est entré dans cette ville un courrier de la malle, venant dc Paris, qui m'a remis un *Moniteur* où j'ai remarqué que l'armée avait fait sa soumission au roi.

Puisqu'il en est ainsi, toute hostilité doit, ce me semble, cesser, et je viens de nouveau demander à votre Excellence de donner ses ordres en conséquence. De mon côté, je la prie de croire que le feu cessera de toutes parts.

Je croirais aussi qu'il serait à propos de rétablir les communications, puisque déjà les courriers s'expédient sur tous les points ; si cette mesure paraît agréable à votre Excellence, il suffira de nommer des commissaires de chaque côté, pour fixer les limites que devront garder les avant-postes de l'armée que commande votre Excellence.

J'ai l'honneur d'être, etc.

Le lieutenant-général commandant supérieur la place de Mézières en état de siége,

Signé LEMOINE.

N° 7.

Au quartier-général à Sedan, le 17 juillet 1815.

A Monsieur le général Lemoine, commandant supérieur de la place de Mézières.

MONSIEUR LE GÉNÉRAL,

N'ayant pas encore reçu d'ordre qui m'autorise à conclure un armistice dans les règles, je ne puis que me rapporter à ce que j'ai eu l'honneur de vous mander par ma lettre d'hier.

Du reste, vous pourrez prendre avec Monsieur le général Eglofstein, les arrangements qu'il trouvera convenables pour la tranquillité de mes avant-postes.

J'ai l'honneur, etc.

Le général en chef de l'armée du nord de l'Allemagne,

Signé HAKE.

N° 8.

Mézières, le 18 juillet 1815.

A son Excellence le général en chef commandant l'armée du nord de l'Allemagne.

MONSIEUR LE GÉNÉRAL EN CHEF,

J'ai reçu les deux lettres que vous m'avez fait l'honneur de m'écrire sous la date des 16 et 17 du courant.

J'y remarque que vous ne vous croyez pas autorisé à conclure une armistice pour tout ce qui est relatif au blocus de Mézières; mais néanmoins votre Excellence me dit de m'entendre avec le général qui commande à Charleville, et c'est ce que je vais faire.

Je ne puis, certes, adhérer pour cet armistice aux propositions que me fait votre Excellence de laisser travailler autour de la place sans faire feu sur les travailleurs; et si je concluais une suspension d'armes, ce ne serait qu'aux conditions que tout cesserait, travaux et hostilités.

Je dois m'expliquer avec votre Excellence sur un des paragraphes de sa lettre, où elle me dit que, contre toutes les règles, on a fait feu de ma place sur une escorte.

Voilà le fait : une cinquantaine de personnes des deux sexes m'ont manifesté le désir de rentrer dans leurs foyers pour faire leurs récoltes ; j'y ai consenti, et les ai fait sortir, bien persuadé que les troupes sous vos ordres ne s'y opposeraient pas ; mais au contraire, elles ont été très-maltraitées ; plusieurs ont reçu des coups de crosses de fusils, et ont été de cette manière éconduites jusqu'à l'avancée ; je ne voulais pas les faire rentrer ; elles sont restées plus d'une heure devant la porte; je puis donc assurer qu'il n'y a pas eu un seul coup de canon tiré sur l'escorte.

Je m'empresse de faire savoir à votre Excellence que tout ce qui compose la garnison a fait sa soumission au roi ; je désirerais pouvoir transmettre ses intentions au gouvernement; mais je ne le puis, faute d'occasion, et c'est pourquoi je viens ici solliciter votre Excellence de m'expédier un passeport en blanc, pour un officier de mon état-major que je veux envoyer à Paris, à moins que mes dépêches ne puissent partir directement par un courrier de la malle, et, dans ce cas, le passeport deviendrait inutile; ce courrier pourrait partir de Mézières ou de Charleville, sur l'autorisation que lui donnerait M. le commandant de Charleville.

Je prie votre Excellence de me faire connaître ses intentions à ce sujet.

J'ai l'honneur d'être, etc.

Le lieutenant-général commandant supérieur de la place de Mézières en état de siége.

Signé LEMOINE.

N° 9.

Au quartier-général à Sedan, le 20 juillet 1815.

A Monsieur le lieutenant-général Lemoine, commandant supérieur de la place de Mézières.

MONSIEUR LE GÉNÉRAL,

J'ai reçu la lettre que vous m'avez fait l'honneur de m'écrire le 20 de ce mois, par laquelle vous me demandez un passeport pour un officier que vous voulez envoyer à Paris. Mon devoir, comme soldat, ne me permet pas de souffrir aucune communication d'une place forte ennemie avec tel endroit que ce soit, d'ailleurs je ne vois pas que cette démarche puisse être nécessaire.

J'ai fait connaître aux souverains alliés la position de la forteresse de Mézières, et l'esprit que la garnison a manifesté jusqu'à présent. Sa majesté le roi Louis XVIII en aura connaissance ; elle doit son trône et son retour en France, au succès des armées alliées. La personne du roi, son trône et la capitale sont entre leurs mains, et reposent tranquillement.

Plusieurs forteresses, entr'autres Maubeuge, ont ouvert leurs portes aux troupes alliées, d'autres s'en occupent. De la méfiance envers elles, attirera nécessairement sur la France de nouveaux et plus grands malheurs.

Qui veut appartenir au roi Louis XVIII, doit se réunir aux troupes alliées et marcher avec elles; d'après la dure expérience que le roi et nous venons de faire, une simple assurance ne peut pas suffire.

On ne reconnaît à Paris que deux partis, celui qui est pour le roi ou pour nous; et l'autre qui est contre nous ou pour Bonaparte.

Quant à une suspension d'armes, je n'ai ni le droit ni l'intention d'y consentir, parce qu'elle me retarderait dans mes travaux.

J'ai l'honneur d'être, etc.

Le général en chef de l'armée du nord de l'Allemagne.

Signé Hake.

No 10.

Mézières, le 17 juillet 1815.

Rapport à son Excellence le ministre de la guerre.

Le lieutenant-général, commandant supérieur à Mézières, en vertu de lettres-patentes qui lui ont été expédiées par le ministre de la guerre, sous la date du 9 juin dernier, a l'honneur de rendre compte à votre Excellence qu'il est arrivé dans cette place le 11 du même mois ; à son arrivée il y trouva une garnison très-faible, ne se montant qu'environ à 1500 hommes; il prit toutes les mesures possibles pour la porter au taux que la situation ci-jointe indique.

Le 19, il apprit, par des fuyards, les désastres de l'armée. Le 20, l'empereur, passant dans cette place à deux heures du matin, les confirma d'une manière positive. Le 23, il apprit officiellement l'abdication de l'empereur, et on lui fit connaître qu'un gouvernement provisoire venait d'être institué; pressentant tout ce qui pourrait résulter de cette institution, et de la défaite de l'armée; jaloux de gérer honorablement l'emploi qui lui était conféré, il employa toutes les ressources de la garnison, pour que l'ennemi ne pût, d'aucune manière, pénétrer dans la place. Le 25, l'ennemi couronna quelques hauteurs de cette place, et le 26, elle se trouva entièrement bloquée.

Dans cet état de choses, il exerça la plus stricte surveillance pour se mettre à l'abri d'une surprise de l'ennemi, et il y réussit parfaitement, puisqu'aucune entreprise n'eut lieu de sa part ; il n'y eut pas même la moindre effusion de sang. Bientôt il fut informé, par le général ennemi, d'une convention qui avait eu lieu entre les armées françaises et alliées; dès ce moment, il envoya un parlementaire pour faire, de part et d'autre, cesser les hostilités.

Cette demande n'obtint aucun résultat.

Instruit ultérieurement par ses agents que sa majesté le roi Louis XVIII était heureusement rentré le 8 à Paris, il insista de nouveau à ce qu'il ne fût plus tiré un coup de fusil, démarche encore inutile; il fit plus, il sollicita un passeport pour un officier, qu'il désirait envoyer à Paris, à l'effet de prendre des ordres de votre Excellence, mais cette démarche n'obtint point de résultat plus heureux; enfin, hier encore, il adressa une lettre à son Excellence le général en chef de l'armée du nord de l'Allemagne, pour réitérer sa demande, voulant ne point frustrer de leur récolte les habitants qui se trouvent entre ses postes et ceux des troupes étrangères.

La réponse à cette lettre n'est point encore parvenue, il espère néanmoins la recevoir dans le jour.

Il vient à l'instant d'entrer dans la place un courrier de la malle, parti de la capitale le 15 courant, muni d'une lettre de service de son administration, laquelle est visée par le commandant de la place de Paris; il s'est empressé de lui faire ouvrir les portes, a pris communication de ses dépêches, et plus particulièrement du *Moniteur* du 15. Il profite de son retour pour adresser à votre Excellence le rapport ci-joint, demander ses ordres relatifs à son commandement, et la conduite qu'il doit tenir dans cette circonstance; il prie votre Excellence de croire qu'il n'aura rien tant à cœur que d'exécuter ponctuellement, et sur-le-champ, les ordres qu'il lui plaira de lui transmettre; comme il s'empressera d'exécuter ceux que lui apporteraient les commissaires du roi, annoncés par ce même *Moniteur*. — Mais, cependant, il a cru devoir réunir le conseil de défense, pour lui communiquer différents documents, tendant à l'éclairer sur la situation actuelle de la France. Par suite de ces communications, il a été arrêté qu'en signe de soumission au roi, demain, 19 du courant, à six heures du matin, le drapeau blanc serait arboré, et que tous les militaires prendraient la cocarde blanche.

Le lieutenant-général,

Signé Lemoine.

N° 11.

ORDRE DU JOUR.

Au quartier-général à Mézières, le 22 juillet 1815.

SOLDATS !

J'ai employé tous les moyens possibles pour faire cesser les hostilités, toutes mes démarches ont été inutiles; j'ai cependant fait connaître au général en chef des alliés la soumission de la garnison à notre gouvernement.

L'ennemi veut donc la place et les propriétés qu'elle renferme.

Soldats! c'est le moment de lui prouver que nous sommes toujours Français; sachons donc faire usage de toutes nos ressources, pour l'empêcher de pénétrer dans cette forteresse.

Je compte sur votre zèle et sur votre bravoure, je saurai faire récompenser l'un et l'autre ; mais je saurai aussi punir très-sévèrement ceux qui s'écarteraient des principes de l'honneur. Déjà des individus ont été assez lâches pour vouloir abandonner leurs drapeaux ; ils ignoraient, sans doute, les insensés, que tous les déserteurs sont conduits à Luxembourg, et forcés d'y prendre service contre leur patrie.

Ces lâches sont traduits à un conseil de guerre, et bientôt il en sera fait justice.

Je ferai tout pour la garnison et pour les habitants; mais ma sévérité se fera sentir indistinctement sur quiconque compromettrait la sûreté de la place : je me plais cependant à croire que jamais on ne me mettra dans cette cruelle nécessité, et qu'au contraire, nous aurons tous la gloire d'avoir pu résister aux tentatives de l'ennemi.

Le présent ordre sera, de suite, imprimé et affiché par les soins de la mairie de cette ville.

Le lieutenant-général, commandant supérieur de la place de Mézières, en état de siége.

Signé LEMOINE.

N° 12.

ORDRE DU JOUR.

Mézières, le 25 juillet 1815.

Le lieutenant-général, commandant supérieur de la place de Mézières, én état de siége, fixant son attention particulière sur les rapports que chaque jour on lui fait, que des officiers se permettent publiquement des observations sur les opérations de la défense de la place, lesquelles paraissent de nature à jeter des inquiétudes parmi les troupes de la garnison, et à amener nécessairement des résultats fâcheux; considérant que les sieurs Villé et Marie, tous deux adjoints à l'état-major, ont poussé le désordre encore plus loin, en se mettant en correspondance sur tous les mouvements que l'ennemi fait, et sur ceux qui ont lieu dans la place, comme le prouve le rapport qu'à fait ce matin M. Villé, employé à l'observatoire, à M. le capitaine Marie, maintenant sans fonctions.

Ce rapport qui est tombé entre les mains du gouverneur, ne devait cependant, d'après son ordre du 11 courant, être communiqué à qui que ce fût.

Cet ordre a été sciemment, et avec intention, enfreint; et rien ne peut calmer son indignation, lorsqu'il remarque que les deux rapports n'étaient pas semblables, celui adressé à M. le capitaine Marie offrant beaucoup plus de détails et de circonstances. Le gouverneur considérant en outre, qu'il est à sa connaissance que les déserteurs étrangers, soldats français et bourgeois rentrant dans la place, après avoir été interrogés dans ses bureaux, sont mandés et conduits chez le sieur Marie, pour y subir un nouvel interrogatoire; ce qui constate évidemment que sa maison est un foyer d'insubordination envers les lois, les réglements militaires et l'autorité compétente dans cette place; voulant réprimer tous ces désordres, a arrêté ce qui suit :

ARTICLE Ier.

Les sieurs Marie et Villé seront de suite mis aux arrêts de rigueur, avec une sentinelle à leur porte, jusqu'à ce qu'on puisse obtenir du général ennemi leur sortie de la place.

ART. II.

M. le commandant d'armes est chargé d'assurer les dispositions de cet arrêté, pour ce qui concerne les arrêts et les sentinelles.

ART. III.

Le présent ordre sera lu à la tête de toutes les compagnies des troupes de la garnison.

Signé LEMOINE.

Certifié conforme aux pièces originales restées en mes mains.

Signé le chevalier LEMOINE.

No 13.

Mézières, le 27 juillet 1815.

Les maire, adjoints et membres du conseil municipal, à Monsieur le gouverneur de la place de Mézières.

MONSIEUR LE GOUVERNEUR,

La position fâcheuse où se trouve notre ville, le désastre que la plupart de nos habitants éprouvent, les ont probablement déterminés à nous faire une demande tendante à vous supplier d'aviser aux moyens de faire cesser le bombardement affreux sous lequel ils gémissent depuis dix jours.

Cette attaque ne nous paraissant jusqu'alors dirigée que contre nos concitoyens et leurs propriétés, nous vous supplions, Monsieur le gouverneur, de vouloir bien permettre qu'une députation du conseil municipal se rende près de M. le général commandant les troupes du siége, à l'effet d'obtenir de lui, au nom des habitants, une explication sur les motifs qui peuvent déterminer une pareille attaque.

Cette démarche pourrait peut-être nous procurer une suspension d'hostilités; quel qu'en doive être, au surplus, le résultat, nous y trouverons toujours un nouveau témoignage de la bienveillance que vous avez constamment montrée pour la ville de Mézières, et qui excitera de plus en plus sa reconnaissance.

Nous sommes avec respect, etc., etc.

Signés Adolphe de Jaubert, maire; Lescuyer, Dubois, Millon, Bourdier, Guillaume père, Nique, Alexis Vernon, Torence, Parent, Coulbault, Amstein, etc.

N° 14.

Mézières, le 2 août 1815.

Les maire, adjoints, membres du conseil municipal, et le commandant de la garde nationale de la ville de Mézières, à Monsieur le gouverneur.

Monsieur le gouverneur,

C'est une satisfaction pour nous, de vous témoigner notre reconnaissance pour les secours que vous avez bien voulu accorder à une partie des habitants qui, dans les circonstances où se trouve la ville, éprouvaient des besoins ; votre sollicitude s'est étendue à tout ce qui pouvait intéresser la tranquillité des habitants, comme la sureté de la ville ; l'ennemi la menace de nouveaux malheurs ; toutes les mesures de police sont prises pour seconder vos efforts.

Pleins de confiance dans votre sagesse, dans les preuves multipliées que nous avons reçues de votre bienveillance, nous vous supplions de nous considérer comme vos enfants, et de nous continuer vos soins paternels : notre reconnaissance égalera le dévouement que vos bienfaits nous ont inspiré pour la vie.

Nous sommes avec respect,

Monsieur le gouverneur, etc.

Signé ADOLPHE DE JAUBERT, maire ; LESCUYER, adjoint; MARION, commandant la garde nationale ; MILLON, DUBOIS, BOURDIER, NIQUE, AMSTEIN, RENAUDIN, PARENT, COULBAULT, DUCHAUX, GUILLAUME père, etc., etc.

N° 15.

Charleville, le 28 juillet 1815.

MONSIEUR LE GÉNÉRAL,

Je viens de faire connaître à son excellence M. le comte Hake le résultat de notre conférence. J'ai trouvé ce général dans des dispositions favorables ; et quoiqu'il n'ait pas pu prendre un engagement formel vis-à-vis de moi, j'espère que mon retour précédera tout acte nouveau d'hostilités, si vous voulez bien conserver vous-même les dispositions dans lesquelles je vous ai trouvé, de ne tirer que dans le cas où on tirerait sur vous. Cette espèce d'armistice tacite, suffira pour me donner le temps de solliciter des ordres textuels et de vous les faire passer. Je vais y mettre tout mon zèle.

J'attends vos dépêches pour partir, et vous prie de recevoir l'assurance de la considération distinguée avec laquelle j'ai l'honneur d'être votre très-humble, etc., etc.

Signé MILLON DE VILLIERS,
auditeur, sous-préfet de Mézières.

Nota. Il est six heures et demie. Je me trouve placé de manière à découvrir parfaitement Mézières; je vois et entends plusieurs coups de canon partis de vos remparts, sans provocation, et j'entends aussi quelques coups de mousquets. Il me semble que ce n'est pas là ce que vous m'aviez fait l'honneur de me dire, et que cela n'est pas propre à consolider les heureuses dispositions du général Hake. Vous sentirez sans doute la sorte de responsabilité qui naîtrait de la conduite de vos troupes, maintenant, envers vos concitoyens. Je pense que vos ordres n'ont pas encore été donnés; car j'aime à vous accorder autant de foi que de vaillance.

Il est maintenant sept heures et demie ; je n'ai pas encore de vos nouvelles : j'envoie chez le général Eglofstein savoir s'il en a reçues.

Je reçois vos dépêches à sept heures trois quarts ; ma lettre et mon *post-scriptum* vous feront connaître qu'il dépend beaucoup de vous que l'on ne se batte pas d'ici mon retour.

Le général consent à ce que vous fassiez sortir les trente femmes et leurs enfants. M. l'officier Hopfgarden vous indiquera une personne que j'ai eu l'honneur de vous recommander.

Ci-joint la gazette que vous désirez, et que je dois à l'obligeance de M. le général Hake.

Signé MILLON DE VILLIERS.

N° 16.

Mézières, le 4 août 1815.

Les maire, adjoints et membres du conseil mnnicipal de la ville de Mézières, à Monsieur le lieutenant-général Lemoine, gouverneur des ville et citadelle de Mézières.

MONSIEUR LE GÉNÉRAL,

Vous avez fait tout ce que l'honneur prescrivait pour le service du roi et la défense da la ville de Mézières. Vous avez bien voulu apprécier la conduite des habitants pour seconder vos efforts, et le calme qu'ils ont montré pendant un bombardement de quarante-huit heures. Votre bravoure, votre prudence ont décidé le général commandant le siége à consentir au départ pour Paris de M. de Villiers, afin de connaître les intentions du roi à l'égard de la ville de Mézières. Huit jours sont expirés, et aucune nouvelle n'est parvenue. Cependant les assiégeants ont fait de nouvelles dispositions; leurs moyens paraissent extraordinaires; tout nous menace d'un nouveau bombardement ou d'une attaque dont le résultat peut amener la ruine totale de la ville et de ses édifices, notamment celui de la préfecture, dont les archives renferment ce qui intéresse la fortune de tous les citoyens du département. Dans cet état de choses, le conseil vous soumet, M. le gouverneur, la question de savoir si vous ne jugeriez pas à propos de demander au général commandant le siége une suspension d'hostilités pendant le nombre de jours que vous croirez nécessaires, et à l'expiration desquels vous ferez les propositions que votre sagesse vous suggérera, si les ordres du roi ne nous sont pas parvenus. Quel que soit le parti que vous croirez devoir prendre dans la position difficile où la ville se trouve, nous vous supplions, Monsieur le gouverneur, de compter sur le dévouement et la reconnaissance de ses habitants; ils seront toujours prêts à renouveler les sacrifices qu'exigeront d'eux le service du roi et l'honneur.

Nous sommes avec respect,

Monsieur le gouverneur, etc.

Signé ADOLPHE DE JAUBERT, maire; NIQUE, adjoint; ALEXIS VERNON, SATABIN, LESCUYER, DUBOIS, RENAUDIN, AMSTEIN, PARENT, A. LESCUYER, COULBAULT, BOURDIER, TORENCE, GUILLAUME, sous-préfet, etc., etc.

N° 17.

Mézières, le 6 août 1815.

A son Excellence le général Hake, commandant en chef l'armée du nord de l'Allemagne.

MONSIEUR LE GÉNÉRAL EN CHEF,

Il vient de m'être remis une proclamation signée de vous, dont j'ai l'honneur de vous transmettre ici un exemplaire.

Permettez-moi de vous manifester une surprise sur son contenu, qui se trouve en opposition à notre conduite et à nos opinions, comme vous pouvez vous en convaincre vous-même, puisque, par ma lettre du 12 du mois dernier, je vous ai fait connaître la soumission de la garnison au roi, et que, par la vôtre du 20 du même mois, vous me donnez l'assurance que ma dépêche vous est parvenue, et que les dispositions qu'elle renferme seraient mises sous les yeux de sa majesté.

Ma lettre du 19, au ministre de la guerre, à laquelle étaient joints un rapport succinct de toutes mes opérations, la situation de la garnison, et un ordre du jour imprimé, qui manifestait à S. M. Louis XVIII la soumission entière et absolue de la garnison ; l'entretien que j'ai eu avec M. le sous-préfet de Villiers, en présence de M. le général commandant à Charleville et le major que vous aviez envoyé ; les dépêches en duplicata que M. le sous-préfet a dû porter à Paris, et dont vous avez eu connaissance, ne doivent, ce me semble, vous laisser aucun doute du dévouement de la ville et de la garnison à son roi. Cependant nous ne cessons d'être attaqués, quoique M. de Villiers nous avait fait pressentir que vous n'entreprendriez aucune attaque jusqu'à ce que nos gouvernements se soient expliqués sur le sort de la forteresse de Mézières. Ce n'est pas sans une peine extrême que je vois les troupes de votre nation vouloir l'occuper en son nom, lorsque déjà elle est occupée par ses propres troupes, que vous mettez dans la dure nécessité de la défendre pour la lui conserver.

Je ne puis donc m'empêcher de considérer vos hostilités comme une guerre continuelle faite aux troupes et aux sujets de S. M. Louis XVIII.

L'humanité me dicte le devoir de vous proposer encore une fois de suspendre les hostilités jusqu'à ce que nos souverains aient définitivement prononcé.

J'ai l'honneur d'être, etc.

Le lieutenant-général commandant supérieur
à Mézières,

Signé Lemoine.

N° 18.

Au quartier-général à Belair, le 7 août 1815.

A Monsieur le lieutenant-général Lemoine, commandant supérieur de la place de Mézières.

Monsieur le général,

J'ai reçu la lettre que vous m'avez fait l'honneur de m'écrire en date d'hier.

Sans avoir aucun doute sur la sincérité de vos sentiments pour S. M. le roi Louis XVIII, je crois cependant devoir vous faire les observations suivantes:

Ce sont les troupes du roi qui ont désiré le retour de Bonaparte; ce sont elles qui ont couru au-devant de lui aussitôt qu'il a remis le pied sur le territoire français; ce sont elles qui lui ont ouvert les portes de la capitale; ce sont elles enfin qui lui ont livré les places fortes. D'après cela, vous ne devez pas être surpris que nous n'ayons pas beaucoup de confiance en ces mêmes troupes, malgré leur soumission, qui, d'après tout cela, ne semble être qu'une suite du changement des circonstances. Voici encore une preuve que je ne fais point la guerre au peuple français. Dans le cas où vous évacueriez la place, la garde urbaine resterait armée et continuerait à faire le service conjointement avec nous. Les troupes de ligne sous vos ordres pourront se retirer derrière la Loire avec armes et bagages et une artillerie convenable. Les gardes nationales mobiles seront, conformément aux ordres du roi, licenciées et renvoyées dans leurs foyers. Quant à leur manière de penser et celle des habitants de Mézières relativement à la guerre et à la reddition de cette place, M. le général, elle nous est bien connue.

Si la personne sacrée du roi se trouve en sûreté entre les mains des puissances alliées, à bien plus forte raison peut-on leur confier une place forte.

La reddition de Mézières apporterait la paix à tout le département.

J'ai l'ordre formel de vous attaquer, et vous n'avez décidément pas celui de vous défendre.

Les capitulations des places d'Avesnes, Maubeuge, Landrecies et Mariembourg parlent contre vous; leurs garnisons se sont réunies à l'armée de la Loire, et les officiers ont conservé leurs grades et leurs appointements. Ainsi donc, s'il y a encore du sang de répandu, si la ville est réduite en cendres, si enfin le pays est écrasé, c'est bien vous qui aurez à vous le reprocher, et non pas moi.

J'ai l'honneur d'être, etc.

Le général en chef de l'armée du nord de l'Allemagne,

Signé Hake.

N° 19.

Village Saint-Julien, le 4 août 1815.

Le capitaine commandant la compagnie du 22e de ligne.

Mon général,

J'ai l'honneur de vous informer que j'ai été attaqué par l'ennemi, dans la soirée du 3, à dix heures et demie, et qu'après une fusillade de douze heures, les soldats se trouvent extrêmement fatigués. J'ai un très-bon compte à vous rendre de la manière dont MM. les officiers de cette compagnie, et ceux qui y sont attachés, se sont conduits; mais je ne peux avoir le plaisir de vous rendre le même compte de la compagnie que vous m'avez fait l'honneur de me confier, par l'indiscipline qui y règne, ayant entendu des propos réitérés, qui peuvent compromettre l'honneur de MM. les officiers, ainsi que le mien.

Cependant, mon général, soyez persuadé que, si l'ennemi vient m'attaquer, je ne céderai la place que vous m'avez fait l'honneur de me confier, qu'après m'être défendu jusqu'au dernier moment.

J'ai l'honneur, etc., etc.

Signé Goujare.

Isle Saint-Julien, le 3 août 1815, à cinq heures du soir.

A Monsieur le lieutenant-général Lemoine, commandant supérieur de la place de Mézières.

Mon général,

J'ai l'honneur de vous rendre compte que l'ennemi vient d'arriver dans ses retranchements, avec à peu près trois compagnies d'infanterie; ils veulent établir des postes sur ma droite, près la Meuse.

Tout l'après-midi, ils sont venus me tirailler de ce même côté; mon poste de gauche n'a pas cessé d'être harcelé par eux toute la journée.

Les jeunes gens de cette compagnie sont très-fatigués, et il ne m'est pas possible de les empêcher de dormir la nuit.

Le renfort qui m'avait été envoyé hier, a reçu l'ordre de rentrer dans leurs régiments.

D'après les blessés et malades que j'ai été obligé de renvoyer à l'hôpital ou à la caserne, il ne me reste plus que cinquante hommes présents avec moi.

J'ai l'honneur d'être, etc.

Le capitaine commandant la compagnie de Charleville,

Signé Aubry.

No 20.

RAPPORT DU 4 AOUT 1815.

Le commandant d'armes, à Monsieur le lieutenant-général Lemoine, commandant supérieur de la place de Mézières.

Mon général,

Au milieu des événements qui se pressent au dedans et

au dehors, mon devoir est de vous instruire de tout ce qui intéresse la place qui est entre vos mains.

Le résultat qui a suivi le bombardement, jusqu'aux quatre derniers jours que nous venons de passer, est tel que je ne serais plus digne de votre confiance, si je ne vous en prévenais pas, en vous faisant part des renseignements que j'ai recueillis, renseignements qui ne peuvent que compléter ceux que vous avez sans doute déjà reçus, mon général, sur votre position.

Il existe, il faut le dire, un découragement réel dans la garnison.

Dans la garde nationale sédentaire, qui est ébranlée, non par les malheurs qu'elle a soufferts dans le dernier bombardement; car, on peut le dire, le courage qu'elle a montré tout le temps qu'il a duré, est au-dessus de tout éloge; mais, mon général, un second effort de cette nature pourrait compromettre, je n'en doute pas, le service que vous lui avez confié, tant aux batteries qu'aux gardes et aux piquets: cela se dit hautement.

Les gardes nationales mobilisées, pleines de bonne volonté, sont écrasées de fatigues depuis les attaques de nuit que l'ennemi a multipliées autour de vous; et je ne crains pas de le dire, mon général, leur moral en est atteint au point que tout serait à redouter dans la place, si l'ennemi tentait une attaque de vive force sur les points faibles qui lui seraient indiqués. A cet égard, mon général, je vous demande d'interroger messieurs les chefs de légion qui commandent ces corps.

Il n'est pas qu'il ne soit parvenu à votre connaissance que le corps des douanes n'ait manifesté déjà depuis quelques jours, dans la garde de la redoute qui lui est confiée, une hésitation à laquelle vous n'étiez point accoutumé.

La compagnie du 22e régiment, qui, après avoir fait si bien son devoir dans toutes les positions où elle s'est trouvée pendant le siége, s'est surpassée la nuit dernière, dans l'attaque de vive force du faubourg St-Julien ; cette compagnie, dis-je, est exténuée de fatigues, et il lui serait difficile de tenir ce poste que vous lui avez confié plusieurs jours de suite.

La compagnie de Charleville, que vous aviez placée aux avant-postes de ce même faubourg, est tellement ébranlée, que je doute que vous puissiez en tirer le moindre parti, si l'attaque se renouvelle cette nuit de la part de l'ennemi, avec autant de vigueur que la nuit précédente.

Si le moral d'une grande partie de votre garnison, et surtout celui de la garde nationale sédentaire, est ébranlé, mon général, ce n'est pas tant aux très-grands préparatifs de siége que l'ennemi déploie dans l'île de Saint-Julien, préparatifs qu'il me semble lier avec ses moyens derniers du bombardement, qu'il faut l'attribuer, qu'à l'attente malheureusement trop prolongée du retour du commissaire du roi. Comme l'espoir était au comble quand il partit, le découragement était à craindre, en ne le voyant point arriver.

Ici, mon général, je vous prie de croire que je ne sonne pas l'alarme, et je ne fais que mon devoir en vous instruisant de ce qui se passe.

Veuillez agréer l'assurance de mon respectueux dévouement.

Le commandant d'armes,

Signé Traullé.

No 21.

Cejourd'hui 9 août 1815,

Le conseil de défense convoqué par M. le lieutenant-général Lemoine, commandant supérieur de la place, ville et citadelle en état de siége ;

Séance ouverte, il a été donné lecture par le secrétaire, des lettres-patentes et du procès-verbal de la dernière séance du 18 juillet dernier.

Ensuite M. le gouverneur a donné connaissance au conseil de la situation dans laquelle se trouve actuellement la place et sa garnison, sous les rapports militaire et politique, et a mis sous les yeux l'exposé ci-après, à l'effet, par le conseil, de prendre, dans la circonstance présente, telle détermination que sa sagesse et l'honneur lui suggéreraient.

Monsieur le gouverneur expose :

1° Les représentations qui lui ont été adressées, sous la date du 4 de ce mois, par la lettre des maire, adjoints et membres du conseil municipal de cette ville, sur les malheurs qu'ont déjà éprouvés les habitants, par l'effet du bombardement des 26 et 27 du mois dernier, et ceux bien plus grands encore dont la ville est menacée par les dispositions immenses des assiégeants, auxquels une nouvelle résistance pourrait n'avoir d'autre résultat que la dévastation complète des propriétés, sans conserver la place au roi, pour lequel les habitants sont d'ailleurs dévoués aux plus grands sacrifices ;

2° Les renseignements, transmis par M. le commandant de la place, qui annoncent qu'on doit peu compter sur la force physique, et surtout morale de la garnison ;

3° Une proclamation du 3 courant, de M. le général en chef Hake, jetée dans les postes avancés, et recueillie par les soldats de la garnison, tendante à les exciter à la désertion, et affectant, contre toute vraisemblance, de considérer la garnison comme en état de rébellion au roi, par sa résistance aux troupes alliées, qui se disent appelées à rétablir sa majesté Louis XVIII sur le trône : proclamation dont les effets alarmants vont toujours croissants, puisque, malgré toutes les précautions possibles, les gardes nationaux désertent sans cesse, notamment des postes avancés, ce qui, gagnant de plus en plus, ne peut que compromettre la sûreté de la place, en la laissant sans défense sur plusieurs points, et par conséquent, dans un péril extrême ;

4° Les dispositions des habitants composant la garde nationale sédentaire, et de ceux faisant le service de l'artillerie de la place, qui, malgré leur dévouement et leur zèle bien éprouvés pour le service du roi, succomberaient incessamment aux fatigues d'un service aussi actif et aussi pénible, et seraient tout-à-coup découragés, tant par la désertion d'une grande partie de la garnison, que par la ruine entière de leurs propriétés, et par l'indispensable nécessité d'abandonner leurs femmes et leurs enfants, sans abri, sans asile et sans l'espoir d'un résultat aussi heureux qu'honorable, *le salut de la place ;*

5° Que les assiégeants ont depuis plusieurs jours poussé leurs travaux avec tant d'activité, qu'ils ne se trouvent plus qu'à 400 mètres du corps de la place, sans qu'on puisse tenter de les éloigner, de les détruire par une sortie, puisque ce serait procurer aux gardes nationaux les moyens de s'évader ; ce qu'ils ne manqueraient pas de faire lorsqu'ils en cherchent et saisissent toutes les occasions ;

6° Que, d'après les renseignements les plus certains, les assiégeants se trouvent en mesure de disposer de 80 à 100 bouches à feu, qui, suivant tous les rapports, seront en batterie vers le soir, sur les six points où leurs travaux seront déjà perfectionnés, et d'où ils dirigent, depuis le point du jour, un feu soutenu sur les différentes parties des ouvrages, et sur les habitations ; ce qui peut en quelques heures compléter la dévastation, jeter l'effroi parmi les soldats, et rendre vains les effets qu'on pourrait en attendre ;

7° Qu'il ne reste plus dans les magasins que 15,000 kil. de poudre environ, à peine suffisant pour huit jours d'une défense opiniâtre, semblable à celle qui a eu lieu pendant et depuis le bombardement, et sans qu'il y eût aucune réserve pour la défense de la citadelle, dans laquelle on pourrait se trouver forcé de se retirer ;

8° Que, depuis le départ de M. de Villiers, sous-préfet dans le département des Ardennes, chargé, avec l'autorisation de M. le général des alliés, de dépêches pour son excellence le ministre de la guerre, pour demander les ordres du roi relativement à la place, on avait l'espoir fondé qu'aucune hostilité n'aurait lieu avant son retour ; mais que, contre toute attente, les assiégeants ont poussé leurs travaux avec une telle vigueur, qu'ils ont jeté trois ponts sur la Meuse, occupé l'île et partie du village Saint-Julien, et couvert cette position des préparatifs d'un siége régulier, et renouvelé depuis le 1er de ce mois, de vives attaques chaque nuit, que la garnison, épuisée de fatigues, a dû soutenir sur tous les points ;

Qu'enfin, n'ayant point reçu de nouvelles de ce courrier, ni d'ordre de sa majesté, le conseil doit songer aux moyens d'éviter à la ville et à ses habitants des malheurs inutiles qui seraient le résultat inévitable d'un siége prolongé et d'un nouveau bombardement, en proposant, à cet effet, une convention honorable pour la garnison et les habitants, puisqu'elle aurait pour but d'éviter toute calamité publique, et de conserver sa place au roi.

Sur quoi, délibérant par ordre de M. le gouverneur, le conseil de défense, pénétré de l'exposé de la situation actuelle de la place, déterminé, moins par son état critique, sous le rapport militaire, que par la fausse position politique où elle se trouve placée ; prenant surtout une très-grande considération, que par suite de sa soumission libre et volontaire à sa majesté Louis XVIII, la garnison s'est dévouée à la défense de la place pour le roi, dont elle attendait chaque jour des ordres, et qu'après avoir vainement tenté tous les moyens de se mettre en communication avec son gouvernement, il ne lui reste plus d'espoir ;

Considérant qu'une plus longue résistance contre l'armée des alliés, devrait paraître contraire à la volonté et aux intentions de sa majesté, et interprétée peut-être comme une rébellion à son autorité légitime ;

Considérant que, dans cette situation critique, une plus longue défense entraînerait des malheurs aussi grands qu'inutiles à l'honneur des armes de sa majesté, et à celui de la garnison et des habitants ;

Chacun des membres ayant émis son opinion, le conseil est d'avis qu'il soit proposé, dans le jour, à M. le général en chef, commandant l'armée assiégeante, une convention d'après laquelle la ville serait confiée, à titre de dépôt, et non autrement, à la loyauté des troupes alliées, qui en prendraient possession au nom de sa majesté Louis XVIII, et de convention expresse, la citadelle serait réservée pour la garnison française, qui sera libre de s'y retirer, pour y attendre les ordres de sa majesté, sur sa destination ultérieure, dans un délai fixé.

M. le colonel Griois, directeur d'artillerie, l'un des membres du conseil, a demandé qu'on insérât l'opinion qu'il a émise, que nous pouvons et devons continuer à défendre la place pour le roi et pour notre honneur, et que, dans le cas où on serait à capituler, on doit le faire en même temps pour la citadelle et pour la place.

Ensuite personne n'ayant plus fait d'observation, la séance a été levée.

Signé les membres du conseil; Parent, Traullé, Delavigne, juge; Berthier, Baudin, Gallien, Griois, Lemoine, président; Coquiugniot.

N° 22.

CONVENTION

RELATIVE

À la remise, à titre de dépôt, de la place de Mézières aux troupes alliées.

Cejourd'hui dix août mil huit cent quinze, à huit heures du matin, se sont réunis les soussignés, M. le colonel baron de Witzleben, chef de l'état-major général, et M. le major de Bardeleben, commandant en chef l'artillerie de siége, nommés par son excellence M. le baron de Hake, commandant en chef l'armée du nord de l'Allemagne, et Messieurs Coblence, major de la légion des douanes des Ardennes, et Lefebvre, capitaine aide-de-camp, nommés par M. le lieutenant-général Lemoine, commandant supérieur des forteresse et citadelle de Mézières, à l'effet de traiter et conclure une convention tendante à faire cesser les hostilités; lesquels commissaires, après avoir exhibé leurs pouvoirs et les avoir échangés, sont convenus de ce qui suit :

ARTICLE PREMIER.

La place de Mézières sera remise, à titre de dépôt, aux troupes alliées, qui devront la rendre à la paix définitive à S. M. le roi de France, dans la situation où ils l'auront occupée, d'après l'état qui en sera dressé, si cette remise est convenue entre les puissances alliées et S. M. le roi de France.

ART. 2.

Le onze, à midi, la tête du Pont-d'Arches et tous les ouvrages jusqu'à la Meuse, ainsi que ceux extérieurs de la porte St-Julien, seront remis aux troupes alliées; le douze, elles occuperont également la Couronne de Champagne jusqu'à la Meuse; et le treize, à midi, le corps de la place.

ART. 3.

Les troupes françaises désignées par le gouverneur comme nécessaires à la défense de la citadelle, y entreront une heure avant l'entrée des troupes étrangères dans la place; le surplus sera, dans le jour même, licencié, conformément à l'ordonnance du roi, et obtiendra des passeports ou feuilles de route pour se retirer dans ses foyers.

ART. 4.

Aucune hostilité ne pourra avoir lieu contre la citadelle avant le premier septembre prochain, époque à laquelle la garnison sera libre de se rendre derrière la Loire, pour y joindre l'armée du roi, avec armes, bagages, quatre pièces de canon, quatre caissons de munitions d'artillerie, deux caissons de munitions d'infanterie, et les chevaux de trait nécessaires au transport.

ART. 5.

Le délai fixé jusqu'au premier septembre sera prorogé jusqu'au dix inclus, sans que les hostilités puissent recommencer, si M. le gouverneur déclare, le premier du même mois, vouloir, à cette dernière époque, faire la remise de la citadelle de la même manière et aux mêmes conditions stipulées pour la place en l'art. 1er.

ART. 6.

Trente pièces de canon de différents calibres, formant l'excédant de l'armement de la citadelle, resteront sur les remparts de la place, et seront remises aux troupes alliées, aux conditions exprimées en l'article 1er. Elles conserveront également les magasins placés aux batteries, et affectés à chaque pièce.

ART. 7.

MM. les officiers de tout grade, les inspecteurs, sous-inspecteurs aux revues, commissaires des guerres, officiers de santé et autres employés militaires qui n'auront point été désignés pour le service de la citadelle, recevront des passeports ou feuilles de route pour se retirer partout où bon leur semblera.

ART. 8.

La garde urbaine continuera à faire le service intérieur de la place de Mézières, afin d'y maintenir la bonne harmonie qui doit exister entre les habitants et les troupes alliées, sous la direction du maire et du conseil municipal de la commune.

ART. 9.

Il ne sera prélevé dans ladite place aucune contribution, soit en argent, soit en effets quelconques, les habitants ayant perdu, par suite du bombardement, la majeure partie de leurs ressources.

ART. 10.

Les personnes et les propriétés seront respectées, et aucun individu ne pourra être inquiété pour ses opinions, ni pour la part qu'il aurait pu prendre pour la défense de la place.

ART. 11.

Les cavaliers et préposés des douanes, momentanément militaires, conserveront leurs chevaux, harnachements, équipements, fourniments, et leurs armes, qui sont leurs propriétés, ce qui est notoire, quand bien même ils voudraient se retirer pour se rendre isolément dans leurs foyers; les armes seulement devront, dans ce dernier cas, être déposées dans un local désigné par le directeur des douanes, ou tout autre chef-lieu suppléant au chef-lieu de la direction à Charleville, où une sentinelle sera placée d'après les ordres de son Excellence, afin de veiller à leur conservation : mais ce directeur ne pourra les distribuer que lorsque l'administration centrale à laquelle ils appartiennent leur aura de nouveau assigné des fonctions publiques.

ART. 12.

Tous les militaires blessés ou malades qui se trouvent à l'hôpital ou chez les particuliers, seront soignés avec humanité jusqu'à parfaite guérison ; un commissaire des guerres et des officiers de santé seront désignés à cet effet. Lorsqu'ils seront susceptibles de se mettre en route, il leur sera délivré des feuilles de route pour se retirer dans leurs foyers.

ART. 13.

Tous les prisonniers de guerre existant dans la place seront mis de suite à la disposition de M. le général en chef; les autres prisonniers, tant civils que militaires, appartenant à la nation française, resteront détenus jusqu'à ce que les tribunaux aient prononcé sur les délits dont ils sont prévenus.

ART. 14, *additionnel au* 6e.

Il est bien entendu que les trente bouches à feu et leurs approvisionnements, restés sur les ouvrages de la place, ne seront pas employés, dans tous les cas, contre la citadelle de Mézières.

ART. 15.

La présente convention n'aura son exécution que lorsqu'elle sera ratifiée par MM. les généraux commandant en chef, tant des ville et citadelle de Mézières que de l'armée du nord de l'Allemagne qui en fait le blocus; mais aussitôt cette ratification, il sera délivré des passeports à deux officiers français, qui se rendront à Paris, à l'effet de mettre ladite convention sous les yeux de S. M. le roi de France, et y prendre ses ordres relativement à la citadelle de Mézières.

Fait double, à Belair, près Charleville, les susdits jour, mois et an que dessus.

Signé VITZLEBEN, colonel, chef d'état-major ; BURDELEBEN, major, commandant l'artillerie du siége ; — COBLENCE, major ; LEFEBVRE, capitaine-aide-de-camp.

Vu et approuvé,

HAKE,
lieutenant-général, et général en chef de l'armée du nord de l'Allemagne.

Approuvé par nous,

J. LEMOINE,
lieutenant-général, commandant supérieur des forteresses de Mézières.

No 23.

Mézières, le 27 août 1815.

A son Excellence le général en chef Hake, commandant l'armée du nord de l'Allemagne.

MONSIEUR LE GÉNÉRAL EN CHEF,

Les travaux de siége de toute espèce, qu'on ne cesse de faire nuit et jour autour de la citadelle, me font présumer que les habitants de la malheureuse ville de Mézières doivent en souffrir considérablement.

Mes intentions bien prononcées, d'éloigner d'eux le plus possible les malheurs de la guerre, et les charges qui en résultent, m'ont déterminé à vous déclarer, dès aujourd'hui, que je suis dans l'intention de profiter des articles 4 et 5 de la convention passée entre nous le 10 du courant; en conséquence, je m'engage à faire, le 11 du mois prochain, au matin, la remise de la citadelle, avec son armement, les munitions et ses magasins ; et pour constater ladite remise, il sera, de part et d'autre, nommé des commissaires qui, dans les journées des 9 et 10, seront chargés de cette opération. Je m'engage, en outre, à faire sortir de la citadelle, le 1er du mois, les deux bataillons des Ardennes, qui, de suite, seront licenciés et renvoyés dans leurs foyers, conformément à l'ordonnance du roi; et le 5, le bataillon des douanes en sortira, pour être renvoyé à Charleville avec armes et bagages, à l'effet d'y être mis à la disposition du colonel de la légion, dont dépendent les douaniers.

Permettez-moi, M. le général en chef, de profiter de cette occasion pour ne pas vous laisser ignorer qu'il me serait fort agréable de pouvoir cicatriser toutes les plaies avant mon départ; et, pour atteindre mon but, je viens solliciter de votre générosité, le retour des officiers de la garde nationale de Charleville, qui sont réclamés avec tant d'instance par leurs familles et par les villes de Charleville et Mézières.

J'ai l'honneur d'être, etc.

Le lieutenant-général, commandant supérieur,

Signé LEMOINE.

N° 24.

Citadelle de Mézières, le 30 août 1815.

A son Excellence le géneral en chef Hake.

Le 27 de ce mois, j'ai eu l'honneur de vous déclarer, par écrit, que je voulais profiter des articles 4 et 5 de la convention qui a eu lieu entre nous, en vous remettant la citadelle le 11 septembre au matin; d'après cette déclaration, je devais m'attendre à voir cesser tous les travaux, et cependant, cette nuit encore, on a travaillé plus que jamais, on m'a même fait le rapport qu'on avait entendu dire, hier soir, à vos soldats qui travaillent aux ouvrages de la porte Neuve, que le 1er septembre, à une heure du matin, le feu commencerait de toutes parts.

Je suis loin d'ajouter foi à un pareil langage; je connais trop votre loyauté, mais vous me permettrez de solliciter de vous une réponse à ma déclaration du 27. Je l'attends, et elle m'est indispensable, puisque je dois des comptes de mes opérations, tant au gouvernement qu'à la France entière; et qu'en outre, je dois ordonner toutes les dispositions nécessaires au départ des troupes que je me suis engagé à faire sortir les 1er et 5 du mois prochain.

J'ai l'honneur d'être, etc.

Le lieutenant-général, commandant supérieur de la citadelle,

Signé LEMOINE.

N° 25.

Mézières, le 31 août 1815.

Rapport sur les travaux exécutés contre la citadelle de Mézières.

Le 13 août, la garnison se retira dans la citadelle; par suite de la convention qu'on venait de conclure avec le général en chef de l'armée alliée, *aucune hostilité ne pouvait avoir lieu avant le 1er septembre;* cependant le 22, sans provocation de notre part, l'ennemi entra en galerie dans le mur d'escarpe du bastion, à l'aide d'une cave du gouvernement qui est adossée à ce revêtement; et, pour ne point éveiller notre attention, il logea dans ce bâtiment des troupes de différents corps, parmi lesquelles se trouvait une compagnie de mineurs; le même jour, il travailla à une batterie au-dessus de la porte Noire; le 23, il commença une batterie blindée sur la place du marché, et des batteries dans l'île Baudart, et le demi-bastion de droite de l'ouvrage à cornes d'Arches; le 25, il établit une nouvelle batterie sur la rive gauche de la Meuse, près de l'extrémité de la branche gauche de la Couronne de Champagne; le 26, il travailla à un pont de bateaux, pour lier les ouvrages des deux rives; le 28, il établit dix plates-formes de mortiers dans le pré, au pied de l'escarpe du tenaillon de la porte Neuve; le 30, il couvrit toutes les communications aux diverses batteries, soit par des levées de terre, soit par des épaulements en facines, et retourna le parapet de la face droite de la demi-lune de la porte Neuve pour y placer de l'infanterie; le 31, au jour, il avait établi deux batteries de brèches, l'une de 8 pièces dans la demi-lune de la porte Neuve, l'autre de 4 pièces dans le rez-de-chaussée du gouvernement, vis-à-vis le bastion.

Enfin, le 31 au soir, l'ennemi se trouvait avoir 28 mortiers en batterie sur cinq points différents; deux obusiers au-dessus de la porte Noire, indépendamment de ces deux batteries de brèche qui étaient armées, et de ces deux fourneaux de mine aux moyens desquels ils pouvaient faire une brèche de plus de 30 mètres sur la face gauche du bastion.

Le chef de bataillon commandant le génie,

Signé DELAVIGNE.

N° 26.

Mézières, le 30 août 1815.

A Monsieur le lieutenant-général Lemoine, commandant supérieur de la citadelle.

MONSIEUR LE COMMANDANT SUPÉRIEUR,

J'ai l'honneur de vous avoir prévenu le 27 du courant, que

son altesse royale le prince Ferdinand de Prusse, venait de prendre le commandement supérieur de tous les siéges que l'armée du Bas-Rhin faisait, et qu'en conséquence, je devais lui communiquer vos propositions avant de les accepter. C'est ce qui a même causé le retard de la présente.

Je m'empresse maintenant de répondre à la lettre que vous m'avez fait l'honneur de m'écrire le 27 et le 30 du courant.

Etant comme vous de l'avis qu'il est indispensable de nous entendre sur nos arrangements ultérieurs, et ne pouvant cependant communiquer avec vous personnellement, je désire, que les différents articles à stipuler sur la remise de la citadelle, soient réunis dans une convention particulière, convention qui manque encore absolument pour la citadelle. Je prends la liberté de mettre sous vos yeux les points suivants, sur lesquels je ne puis me dispenser d'insister, et je vous prie de les faire entrer, sans rien ajouter, dans le projet de convention que vous voudriez bien faire ébaucher.

I.

La citadelle sera remise, le 11 septembre au matin, aux troupes de S. M. le roi de Prusse, qui la cernent actuellement;

II.

Pour gage de cette remise, la porte de la citadelle du côté de la ville, ainsi que les ouvrages extérieurs du côté de Saint-Laurent, avec armement, seront occupés au matin du 1er septembre, par les troupes de S. M. le roi de Prusse;

III.

Non-seulement l'artillerie, les munitions et armement de tous genres, et les magasins, mais aussi les cartes, plans et mémoires militaires, seront rendus aux troupes prussiennes.

Je remets à votre jugement tous les articles qui regardent la garnison.

J'ai l'honneur d'être, etc.

Le lieutenant-général, et général en chef de l'armée du nord de l'Allemagne,

Signé HAKE.

N° 27.

Cejourd'hui trente-un août mil huit cent quinze, le conseil de défense, convoqué par l'ordre de M. le lieutenant-général Lemoine, commandant supérieur de la citadelle de Mézières, s'est réuni en son logement; et après lecture faite, par le secrétaire de place, des lettres-patentes, M. le gouverneur a donné connaissance de ses lettres des 27 et 30 de ce mois, adressées à M. le général en chef des troupes alliées, portant sa déclaration pour l'exécution des articles 4 et 5 de la convention du 10 dudit mois, vu les travaux offensifs que lesdites troupes font autour de la place.

Qu'enfin, ce matin, il a reçu une réponse, sous la date du 30, par laquelle M. le général en chef propose d'arrêter une nouvelle convention, pour la remise de la citadelle, à l'époque du 11 du mois prochain, d'après laquelle la porte donnant vers la ville, et celle de Secours seraient occupées dès demain, 1er septembre, par les troupes prussiennes, sous ses ordres, et par laquelle il insiste pour que ces dispositions soient regardées comme son *ultimatum*.

Le conseil consulté,

Considérant qu'il n'est parvenu aucun ordre de sa majesté qui puisse diriger sa conduite dans des circonstances aussi difficiles;

Que dans la position où se trouve la citadelle, il n'a plus la possibilité de la défendre;

Que livrer les deux portes de la citadelle, serait consentir à une espèce d'emprisonnement ignominieux,

Est d'avis qu'il ne soit rien changé à la convention du 10 août, qui toujours doit faire la base de sa conduite ;

Mais, attendu qu'elle a été violée par les travaux exécutés autour de la citadelle, et qu'elle l'est également par la proposition du général prussien,

Il y a, de la part du conseil, nécessité, par force majeure, de consentir à la remise de la citadelle avant l'époque fixée par ladite convention.

Aucun membre n'ayant pas d'observation à faire, la séance a été levée.

Signé, les membres du conseil,

PARENT, TRAULLÉ, JUGE, BAUDIN, BELLAC, DELAVIGNE, GRIOIS ;

LEMOINE, président.

No 28.

Citadelle de Mézières, le 31 août 1815.

A son Excellence le général en chef de l'armée du nord de l'Allemagne.

MONSIEUR LE GÉNÉRAL EN CHEF,

Je devais me persuader que notre convention du 10 devait être la base de nos arrangements pour la remise de la citadelle; mes lettres des 27 et 30 du même mois, portant déclaration de vouloir profiter des articles 4 et 5 de ladite convention, mais la lettre que vous m'avez fait l'honneur de m'écrire sous la date du 30, et qui ne m'est parvenue que le 31 à neuf heures du matin, semble vouloir me mettre dans une position toute différente, en me proposant pour ultimatum les articles suivants :

ARTICLE PREMIER.

La citadelle sera remise le onze septembre, au matin, aux troupes de S. M. le roi de Prusse, qui la cernent actuellement.

ART. II.

Pour gage de cette remise, la porte de la citadelle du côté de la ville, ainsi que les ouvrages extérieurs du côté de Saint-Laurent, avec armement, seront occupés le matin du premier septembre par les troupes de S. M. le roi de Prusse.

ART. III.

Non-seulement l'artillerie, les munitions, l'armement de tout genre et les magasins, mais aussi les plans, cartes et mémoires militaires seront rendus aux troupes prussiennes.

Je remets à votre jugement tous les articles qui regardent la garnison.

Monsieur le général en chef, on a pu voir des troupes profiter de leur supériorité, tant par leur nombre et par leur artillerie, que par la force des circonstances; mais cela ne peut en rien détruire les droits de la garnison de la citadelle, qui, dans le siége de la ville, a su, par son courage, mériter l'estime de tout le monde, et qui réclame aujourd'hui, par mon organe, comme un gage sacré, les articles 4 et 5 de notre convention, connue certes de tous les souverains.

Ces braves troupes, je vous l'avoue, aimeraient mieux

vous voir entrer dès aujourd'hui dans cette forteresse, que de souffrir la moindre humiliation.

A ces fins, je charge M. Griois, colonel d'artillerie, et Traullé, commandant d'armes, de se rendre près de vous, à l'effet de vous soumettre des articles additionnels à notre convention, qui, comme j'ai lieu de l'espérer, pourraient concilier les intentions de chacun.

J'ai l'honneur d'être, etc.

Le lieutenant-général, commandant supérieur de la citadelle,

Signé Lemoine.

FIN.

www.ingramcontent.com/pod-product-compliance
Ingram Content Group UK Ltd.
Pitfield, Milton Keynes, MK11 3LW, UK
UKHW031934260826
14628UKWH00004B/1621